わしづかみシリーズ

監査論を学ぶ

〔第3版〕

蟹江　　章
藤岡　英治
髙原利栄子
著

税務経理協会

第3版刊行に当たって

時代が平成から令和に変わっても，不正会計はあとを絶ちません。不正会計が明らかになった会社の財務諸表に適正意見が表明されていたことにより，会計監査に対する社会からの信頼が揺らいでいます。

会計監査には，その実施手続や監査人に与えられた権限などにともなう限界があります。こうした限界により，監査人は，すべての不正会計（の原因となる虚偽表示）を発見できるわけではありません。

しかし，会計監査に対する社会の不信にはもう１つ原因があります。それは，会計監査そのものに関する情報が不足しているということです。つまり，現代の会計監査は，監査人がどのような事項に対して監査手続を実施し，何を考慮して監査意見を決めているのかが，財務諸表の利用者からほとんど見えない状態で実施されているのです。

こうした会計監査に関する情報不足を少しでも改善し，監査プロセスの透明性を高めるために，監査報告にかかわる監査の基準が改訂されました。そして，これにともなって，公認会計士による財務諸表監査の報告書も，様式や記載事項が大きく変更されることになったのです。

この本でも，監査報告にかかわる事項を中心に改訂を行いました。また，よりわかりやすい説明になるように手直しをしたところもあります。

とはいえ，会計監査の最も基礎的な部分を“わしづかみ”するように，大雑把に理解してもらおうという，この本のコンセプトに変わりはありません。

この本が，はじめて会計監査を勉強する皆さんにとって，会計監査の本質的な役割や機能を正しく理解する手助けになることを願っています。

2020年２月

蟹江　　章
藤岡　英治
髙原利栄子

読者の皆さんへのメッセージ

私たちが暮らす社会は,「**信頼**」によって成り立っているといってよいでしょう。食品の消費期限やマンションの耐震強度を偽装するなどという事件が相次ぎました。

私たちは,「何を信じればよいのか」と不安な気持ちになりました。それでも,「信頼」によってしか,この社会を成り立たせることはできないでしょう。だからこそ,「信頼」を裏切る行為があってはならないのです。

●不安の原因は「情報」不足

ところで,私たちは,どうして**不安な気持ち**になるのでしょうか?

それは,**よくわからない**から,**「情報」がないかまたは不足している**から,ではないでしょうか。

はじめて会った人のことはよくわかりません。どんな性格でどんなことが好きなのか。よくわからないから,話が合うか,親しくなれるか,不安になります。

はじめて訪れる外国のことはよくわかりません。危険な場所はないか,言葉は通じるのか,食べ物は口に合うか,不安になります。

新しい製品を買う時には，値段はいくらか，自分が考えている使い道に合っているか，自分でも使いこなせるか，不安になります。

初対面の人でも，誰かがその人のことを紹介してくれれば，不安は解消されるか少なくとも小さくなるでしょう。

はじめて外国を訪れる前には，ガイドブックやインターネットで現地のことを調べておけば，少し安心して出発できるでしょう。

新製品を買う前には，カタログを見たりお店の人に尋ねたりして，値段や使い方を確かめることで安心して購入することができるでしょう。

このように，私たちは，何かをするときには，**「情報」を手に入れることで不安を解消したり安心したりすることができる**ということを知っています。

●「情報」は信頼できなくちゃ！

私たちは，**安心して行動を起こすことができるように，「情報」を手に入れようとします**。でも，せっかく手に入れた「情報」が間違っていたらどうなるでしょうか？

「どんな情報にだって間違いはあるさ」という広い心でいられるうちはいいでしょう。でも，「情報」がたびたび間違っていたり，それによって損をしたりすれば，いくら寛大な人でも「もう信じないぞ！」と腹を立てるのではないでしょうか。

受け取る側では，「情報」に間違いがないかどうか，「信頼」できるものであるかどうかを自分で確かめることは容易なことではありません。

そもそも，よくわからないから「情報」を必要としているのですから！

誰か，この「情報」が間違っていないか，「信頼」してよいか，確かめてくれませんか～?!

本書で扱う「監査」は，こうした要請に応えるために生まれたと考えることができるでしょう。

現代社会では，様々な目的で様々な監査が行われています。

本書では，その中でも**もっとも広く普及し，もっとも“洗練”された形で行われている「財務諸表監査」**または**「会計監査」**と呼ばれる監査について，その概要を説明します。

●「財務諸表監査」の舞台は金融市場

「**財務諸表監査**」は，**企業が金融市場に向けて公表する「会計情報」**（「財務諸表」と呼ばれる計算書によって提供されます）**の「信頼性」を確かめることを目的**として行われる監査です。このため，「会計監査」と呼ばれることもあります。財務諸表監査は，「**公認会計士**」という，会計と監査についての**職業的専門家**によって行われます。

本書では，「財務諸表監査」が，今日の**自由市場経済にとって非常に重要な役割**を演じていることを明らかにしようと思います。

経済のグローバル化・金融化が急速に進んでいます。これに伴って企業の経営活動も，国境を越えて行われるようになっています。大規模な企業は多額の経営資金を必要としますが，こうした**資金は金融市場から調達**されます。

資金調達に当たって，企業は，**十分な量の「信頼」できる「会計情報」を提供**しなければなりません。「財務諸表監査」は，「会計情報」の「信頼性」を確かめるという，重要な役割を演じることになるわけです。

「財務諸表監査」は，とても重要な機能であるにもかかわらず，その考え方，用語，概念が「何だかわかりにくい」「取っ付きにくい」といわれることが多いようです。

本書は，「財務諸表監査」がどのように行われ，何の役に立つのかについて，できるだけやさしく，基本的な部分を理解してもらえるように心がけながら書かれています。

本書が，はじめて「財務諸表監査」を学ぶ皆さんにとって，よきガイドとなることを祈っています。

2009年６月

蟹江　　章
藤岡　英治
髙原利栄子

Contents

第３版刊行に当たって

読者の皆さんへのメッセージ

CHAPTER 1 監査の基礎概念を学ぼう

1 監査とは何か？ …… 2

2 監査とは何をすることか？ …… 7

3 「監査意見」の意味することとは？ …… 10

4 監査意見を表明するための基礎 …… 16

5 「重要な虚偽の表示」とは？ …… 19

6 監査証拠とは何か？ …… 23

7 監査要点とは何か？ …… 27

8 監査手続とは何か？ …… 31

9 試査とはどんな手法か？ …… 35

CHAPTER 2 監査制度の概要を把握しよう

1 金融商品取引法に基づく監査～財務諸表監査 …… 41

2 会社法に基づく監査～会計監査人監査 …… 46

3 公認会計士が行う監査には他にどんなものがあるか？ …… 49

4 監査制度を支える要件を確認しよう …… 52

5 公認会計士監査以外の監査にはどんなものがあるか？ …… 59

CHAPTER 3 公認会計士はどのような人か？

1 公認会計士は職業的専門家 …… 64
2 公認会計士の使命とは何か？ …… 66
3 公認会計士が行う業務とは何か？ …… 69
4 公認会計士に求められるもの …… 72
5 監査人の立場 …… 75
6 監査人に求められる業務上の姿勢 …… 78
7 監査人に求められる業務上の規範 …… 81
8 監査人に求められる倫理 …… 84
9 監査人の責任 …… 89
10 公認会計士になるには …… 91
11 公認会計士の現状 …… 94
12 監査法人とは？ …… 97
13 監査法人の特徴 …… 99
14 専門的能力を維持するには～継続的専門研修制度 …… 102

CHAPTER 4 監査はなぜ必要なの？

1 監査が必要とされる条件 …… 108
2 監査に求められる役割 …… 111
3 監査に求められる機能を経済学的に分析すると …… 113

CHAPTER 5 さまざまな監査

1 公認会計士が行う会計監査 …… 119
2 コーポレート・ガバナンスと監査 …… 122
3 内部統制と監査 …… 127
4 どのような組織を監査するのか？ …… 130
5 行政機関や地方公共団体の監査 …… 133

CHAPTER 6 監査の実施

1 財務諸表監査のプロセス …… 140
2 内部統制とは？ …… 142
3 現在，採用されている監査手法は何か？ …… 147
4 事業上のリスク等を重視したリスク・アプローチとは？ …… 153
5 監査計画を策定する …… 158
6 財務諸表監査を実際に行うときに …… 159
7 経営者からの書面による確認（経営者確認書）…… 160
8 監査調書とは？ …… 163

CHAPTER 7 監査報告

1 監査報告書の分類 …… 167
2 監査上の主要な検討事項について …… 168
3 監査報告書の記載区分 …… 170
4 二重責任の原則 …… 177
5 実施した監査の概要 …… 179
6 監査意見の種類 …… 182
7 監査報告書の情報提供機能～追記情報 …… 194
8 継続企業（ゴーイング・コンサーン）の前提に関する監査 …… 197
9 その他の記載内容 …… 208
10 会社法監査における監査報告書 …… 209

CHAPTER 1

監査の基礎概念を学ぼう

1　監査とは何か？
2　監査とは何をすることか？
3　「監査意見」の意味することとは？
4　監査意見を表明するための基礎
5　「重要な虚偽の表示」とは？
6　監査証拠とは何か？
7　監査要点とは何か？
8　監査手続とは何か？
9　試査とはどんな手法か？

1 監査とは何か？

「監査とは何か？」という問に対しては，２通り答え方があると思います。

１つは，**監査がどのようなプロセス・手続によって行われるものであるのかという，「監査の構造」**を説明するものです。

もうひとつは，**監査が何の役に立つのかという，「監査の機能」**を明らかにするというものです。

監査の見方

監査の構造に注目する見方
監査の機能に注目する見方

これらについて順に考えてみることにしましょう。

▷▷(1) 監査の構造という視点から見ると

まず，「監査の構造」という視点から見ると，監査とは，**その対象が特定の基準などと合致しているかどうかを証拠によって裏づけ，その結果を報告する一連のプロセス**であるということができると思います。

例えば，次の，1973年に**アメリカ会計学会**が公表した**『基礎的監査概念』**（「ASOBAC」＝“アソバック”と読みます。）が示した監査の定義は，この視点からのものということができるでしょう。

ASOBACによる監査の定義

監査とは，経済活動や経済事象についての主張と確立された規準との合致の程度を確かめるために，これらの主張に関する証拠を客観的に収集・評価するとともに，その結果を利害関係をもつ利用者に伝達する体系的な過程である。（青木茂男監訳，鳥羽至英訳『アメリカ会計学会　基礎的監査概念』（国元書房，1982年，３頁）

【コラム】 ASOBAC

1973年にアメリカ会計学会が公表した監査の基礎的な概念を示した研究報告書の通称です。その後の監査研究や制度を方向づけたという意味で大変重要な文献です。とくに，その中で示された監査の定義は，未だこれに替わるものは現れていません。日本語訳も出版されていますので，監査論を本格的に勉強しようと考えている人は，是非一度読んでみてください。

現代社会でもっとも重要な監査の１つである「**財務諸表監査**」（「会計監査」と呼ばれることもあります。）は，監査対象である主張としての「財務諸表（会計情報）」が，確立された規準である「**一般に公正妥当と認められる企業会計の基準**」（こうした基準は「GAAP《ギャップ》」と呼ばれています。）にしたがって適正に表示されているかどうかを，「**監査手続**」の実施によって客観的に収集・評価された「**監査証拠**」で裏づけ，その結果を「**監査意見**」の表明という形で報告する一連の過程（プロセス）であるということができます。

【コラム】 GAAP《ギャップ》と財務諸表監査

財務諸表監査は，会社の経営者が作成した財務諸表が，当該会社の経営内容を適正に表示するものであるかどうかを確かめる行為です。財務諸表は，社会的に合意されたルール，すなわちGAAPにしたがって作成されなければなりません。このことが，財務諸表に対する社会の信頼を生み出すことになるからです。

財務諸表監査では，財務諸表が合意されたルールにしたがって適切に作成されているかどうかを確かめることになるわけです。財務諸表の作成ルール（GAAP）が確立されていなければ，財務諸表監査を行うことができないといっても過言ではありません。

監 査 の 構 造

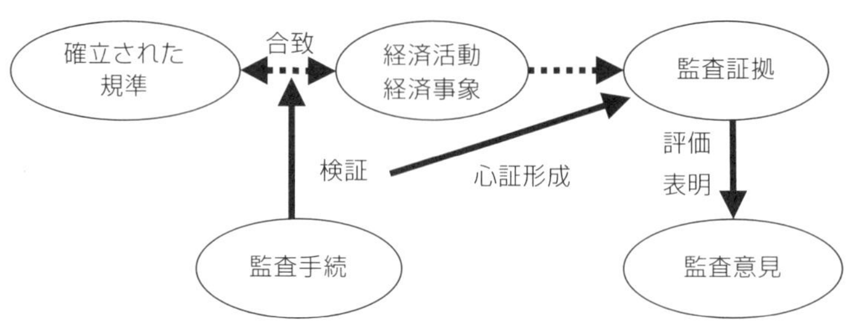

▷▷(2) 監査の機能に着目すると

これに対して「**監査の機能**」に着目すると，監査とは，**その対象に対する利用者の信頼の程度を高めるもの**であるということができるでしょう。こうした見方によれば，**財務諸表監査**は，その対象である**財務諸表に記載されている会計情報に対する利用者の信頼の程度を高める**ものであるということができます。

例えば，2004年にわが国の企業会計審議会（6頁のコラム参照）が公表した「財務情報等に係る保証業務の概念的枠組みに関する意見書」が示す「**保証業務**」の定義は，保証業務の１つである監査の機能を示しているように思います。

保証業務の定義

保証業務とは，主題に責任を負う者が一定の規準によって当該主題を評価又は測定した結果を表明する情報について，又は，当該主題それ自体について，それらに対する想定利用者の信頼の程度を高めるために，業務実施者が自ら入手した証拠に基づき規準に照らして判断した結果を結論として報告する業務をいう。（傍点：筆者）（企業会計審議会「財務情報等に係る保証業務の概念的枠組みに関する意見書」二１）

この定義をもとにして財務諸表監査を定義すれば，次のようになるでしょう。

保証業務としての財務諸表監査の定義

財務諸表監査とは，経営状態に責任を負う経営者が一般に公正妥当と認められる企業会計の基準によって経営状態を評価した結果を表明する財務諸表について，投資者などの利用者の信頼の程度を高めるために，監査人が自ら入手した証拠に基づき会計基準に照らして判断した結果を監査意見として報告する業務である。

KEYWORD

保証業務――独立した第三者によって実施される検証を通して，その対象に対して一定の保証を付与する業務をいいます。検証手続の内容によって保証の程度が異なりますが，財務諸表監査は最も高い保証を与える業務であるとされています。

【コラム】企業会計審議会

金融庁に置かれている審議会の１つで，会計部会，監査部会ならびに内部統制部会という３つの部会が設けられています。かつては，わが国の企業会計の基準を設定する機関でしたが，今ではこの役割は企業会計基準委員会（ASBJ）に移管されています。このため，企業会計審議会では，主に監査および内部統制に関する基準の制定や改正などが行われています。

財務諸表の利用者は，財務諸表に記載されている会計情報を分析することによって，それを公表する会社の経営状態の良し悪しや将来性などについて判断すると想定されています。財務諸表に信頼性がなければ，それを判断材料として利用することができません。そこで，**財務諸表監査による信頼性の検証が要請される**のです。

監査の機能

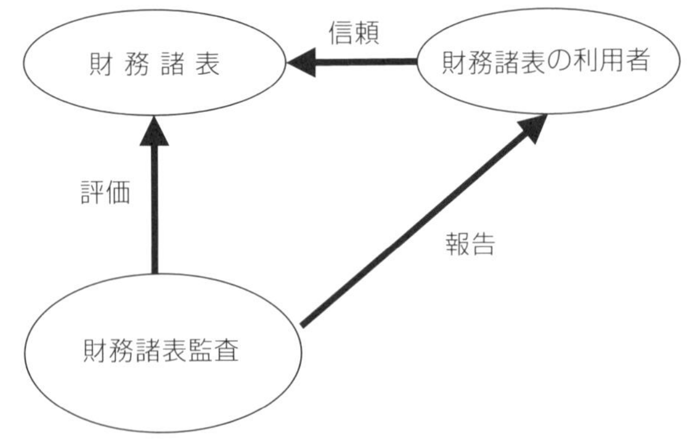

2　監査とは何をすることか？

監査を**構造の面**から見ることは，**監査の手続に焦点を当てた見方**になります。**監査を監査人の立場から見る**ことになるといってもいいかもしれません。この場合には，監査人が，監査の手続をどのように進めるかが中心的な論点となるでしょう。

こうした見方によれば，**監査の目的**は，**監査人が監査の手続を実施して得た監査証拠に基づいて，最終的に監査意見を表明する**ことであると考えることができます。

監査の実施手続などを定めた基準である『**監査基準**』では，監査の目的は次のように示されています。

監査基準　第1　監査の目的

財務諸表の監査の目的は，経営者の作成した財務諸表が，一般に公正妥当と認められる企業会計の基準に準拠して，企業の財政状態，経営成績及びキャッシュ・フローの状況をすべての重要な点において適正に表示しているかどうかについて，監査人が自ら入手した監査証拠に基づいて判断した結果を意見として表明することにある。
（傍点：筆者）

ここには，**監査の目的**が「**意見の表明**」であるということが明記されています。

監査意見の表明は，「財務諸表が～適正に表示している」ということが確かめられたという監査人の結論の伝達を意味しています。

こうした結論の伝達は，**利用者の財務諸表に対する信頼の程度を高めることを意図して行われる**ものであるという点に注意してください。監査意見を表明するという行為そのものが監査の最終的な目的というわけではないのです。

【コラム】監査の目的

『監査基準』には，2014年に行われた改訂によって，監査の目的がもう一つ示されることになりました。「財務諸表が特別の利用目的に適合した会計の基準により作成される場合等には，当該財務諸表が会計の基準に準拠して作成されているかどうかについて，意見として表明することがある。」というのがそれです。この目的の詳しい説明は，より上級の教科書を参照して下さい。ここでは，監査の目的が，やはり「意見として表明すること」であるとされている点に注目して欲しいと思います。利用者の財務諸表に対する信頼の程度を高めることが意図されているのは同様です。

一方，監査の**機能**という面から見ると，**監査が何の役に立つのかを説明**することになります。

この場合には，監査人が監査をどのように実施するかということよりも，監査が行われた結果，**監査の利用者にとってどのような便益あるいは価値が生み出されるのか**ということが焦点になるでしょう。

財務諸表監査を機能の面から見た場合，その目的は，財務諸表の信頼性を検証し，**利用者の財務諸表に対する信頼の程度を高める**ことにあると考えることができます。これによって，利用者は安心して財務諸表を利用した意思決定を行うことができることになるのです。

こうしてみると，当然のことながら，監査を構造面から見ても機能面から見ても，その目的に本質的な違いはないということになるでしょう。

財務諸表監査の目的	
構造的視点	監査意見の表明→財務諸表に対する信頼の向上
機能的視点	財務諸表の信頼性検証→財務諸表に対する信頼の向上

3「監査意見」の意味することとは？

監査を構造面から見る場合でも，機能面から見る場合でも，監査の最終的な局面では何らかの形で監査人の結論が伝達されなければなりません。

監査を一連のプロセスととらえる場合には，その最終プロセスが結論の伝達としての**監査意見の表明**ということになります。

一方，監査によって利用者の信頼を高めると考える場合には，そのための手段が監査意見ということになるでしょう。

このように，監査人にとって，**監査意見は監査を実施して得た結論を伝える媒体**であり，一連のプロセスを完了した証となります。

また，監査人は，**監査意見を表明することによって，はじめて監査対象に対する利用者の信頼を高めることができる**のです。

監査意見は，「**監査報告書**」と呼ばれる報告書によって伝達されます。

監査報告書の基本的な構造と主な記載事項

独立監査人の監査報告書

【監査意見】
財務諸表に対する監査意見，監査が実施される根拠，監査の対象となる財務諸表の範囲

【監査意見の根拠】
監査の基準への準拠，独立性，十分かつ適切な監査証拠の入手

【継続企業の前提に関する重要な不確実性】
継続企業の前提に関する重要な不確実性が認められる旨，監査意見に影響しない旨

【監査上の主要な検討事項】
監査上の主要な検討事項の意味，個別の意見を表明するものではない旨，監査上の主要な検討事項の内容及び決定理由並びに監査上の対応

【財務諸表に対する経営者並びに監査役及び監査役会の責任】
経営者の責任として，財務諸表の作成と適正な表示，内部統制の整備・運用，継続企業の前提の評価
監査役及び監査役会の責任として，財務報告プロセスの整備及び運用における取締役の職務執行の監視

【財務諸表監査における監査人の責任】
独立の立場からの財務諸表に対する監査意見の表明，職業的専門家としての判断，懐疑心の保持，監査手続の実施，監査役及び監査役会に対する発見事項及び独立性の保持の報告，監査上の主要な検討事項の監査報告書への記載

監査人は，**財務諸表が会社の経営状態を適正に表示しているかどうか**について意見を表明するように求められています。

監査意見には，「**適正意見**」と呼ばれるものと「**不適正意見**」と呼ばれるものがあります。

これらの意味を順に見てみることにしましょう。

▷▷(1)　肯定的な結論を伝達する「適正意見」

適正意見は，会社の財務諸表が一般に公正妥当と認められる企業会計の**基準にしたがって作成**されており，会社の**財政状態，経営成績およびキャッシュ・フローの状況を適正に**表示しているものと認める，という監査人の結論を伝える意見です。

財務諸表が「**適正に表示**」しているということは，**財務諸表に「重要な虚偽の表示」が含まれていない**ということを意味しています。

「重要な虚偽の表示」とは，会社の経営状態について真実を表していない財務諸表の記載事項であり，財務諸表の利用者に会社の経営状態について誤った判断をさせるものです。

財務諸表に「重要な虚偽の表示」が含まれていないということは，**財務諸表が，その利用者に会社の経営状態について誤った判断をさせるものではない**ということを意味しています。

監査人が，このように判断したときに，その財務諸表に対して適正意見が表明されるのです。

適正意見を表明された財務諸表は，監査人によって**信頼性についての保証**を与えられたことになります。これによって，利用者の財務諸表に対する信頼が高められることになるわけです。

【コラム】 虚偽の表示と「重要な」虚偽の表示

財務諸表監査は，財務諸表には誤りや不正などによって多かれ少なかれ虚偽の表示が含まれている可能性があるという前提で行われています。少し意外な気がするかもしれませんが，膨大な取引を人間が記録していくわけですから，間違いが発生するのはやむを得ないと考えられているわけです。ただし，虚偽の表示が財務諸表の利用者の判断を誤らせるものだとすれば問題です。そうした間違いは「重要な」虚偽の表示として認識され，財務諸表監査によって発見されなければならないものとされているのです。

▷▷(2)　否定的な結論を伝える「不適正意見」

一方，監査人が財務諸表に重要な虚偽の表示が含まれていると判断したときには，**不適正意見**が表明されることになります。

不適正意見は，一般に公正妥当と認められる企業会計の基準に対する**重大な違反**があり，財務諸表が会社の**財政状態，経営成績およびキャッシュ・フローの状況を適正に表示していない**と認められるときに表明される監査意見です。

【コラム】 重要な虚偽の表示と企業会計の基準

財務諸表監査では，財務諸表が一般に公正妥当と認められる企業会計の基準（GAAP）に準拠して作成されていることを根拠として，会社の経営内容を適正に表示しているものと認めるという監査意見を表明します。GAAPは，経営内容を適正に表示する財務諸表の作成に導くように設定された基準ですから，当然のことだといえるでしょう。また，あらかじめ決められた基準にしたがって財務諸表が作成されていれば，意図的に多額の虚偽の表示すなわち「重要な」虚偽の表示を行うことはできないはずです。このため，財務諸表がGAAPにしたがって作成されていれば，そこには重要な虚偽の表示は含まれていないと推定することが可能となるわけです。

財務諸表に「重要な虚偽の表示」が含まれているということは，**財務諸表が，その利用者に会社の経営状態について誤った判断をさせるものである**ということを意味します。

このため，監査人は，不適正意見を表明することによって，財務諸表の利用者に対して，「この財務諸表に基づいて会社の経営内容を分析すると誤った判断に導かれるから，この財務諸表を使用しない方がよい」ということを警告するのです。

ただし，1つ注意しなければならないことがあります。それは，**不適正意見**は，「適正とはいえそうにないから不適正としておこう」というような，消極的な判断によって表明される監査意見ではないということです。

監査人が不適正意見を表明する場合には，財務諸表に重要な虚偽の表示が含まれているということを，明確かつ積極的な根拠に基づいて示さなければなりません。**監査報告書に，不適正であると判断した根拠が明記されなければならない**のです。

いずれにしても，財務諸表に対して監査意見が表明されることによって，利用者は，財務諸表を使って会社の経営内容を判断するかどうかを決定することができます。

適正意見は，財務諸表を使った判断が可能であること，言い換えれば**財務諸表の信頼性を保証する**ものであるということができるでしょう。

他方，不適正意見は，財務諸表が判断材料として不適切であることを明らかにするものであり，**財務諸表に信頼性がないことについて警告を発する**ものであると考えられます。

このように，**監査意見**は，**利用者が財務諸表の信頼性を判断することを支援するという機能**を果たしているのです。

適　正　意　見	不 適 正 意 見
重要な虚偽の表示はない	重要な虚偽の表示が含まれる
投資判断材料として適切	投資判断材料として不適切

4 監査意見を表明するための基礎

前節で示したように，監査意見は監査人の判断に基づく結論を伝達するものです。

監査人が，財務諸表に重要な虚偽の表示が含まれていないと判断すれば「**適正意見**」が表明され，逆に，重要な虚偽の表示が含まれていると判断した場合には「**不適正意見**」が表明されることになります。

財務諸表監査における監査意見は，**「財務諸表に重要な虚偽の表示が含まれていない（含まれている）」という「事実」を示しているのではなく，監査人がそのように「判断」したということを意味するに過ぎません。**

「**判断**」に過ぎないとはいっても，それは会計・監査の専門家である公認会計士の判断であり，また，十分な根拠に裏づけられた判断であるという点に注意してください。

【コラム】 公認会計士の独占的業務

公認会計士は，公認会計士法によって，監査証明業務を独占的に実施できる者とされています。他人の求めに応じて報酬を得て，財務書類の監査証明を行うことができるのは公認会計士と公認会計士を中心に設立される監査法人だけなのです。

監査人が意見を表明する際には，それが適正意見であるか不適正意見であるかにかかわらず，それらの意見によって伝達すべき**結論に至った根拠**が必要です。この根拠となるのは，「**意見表明の基礎となる十分か**

つ適切な監査証拠」です。

財務諸表監査の目的は，財務諸表に対して意見を表明することによって，財務諸表に対する利用者の信頼の程度を高めることです。

財務諸表は，会社の経営活動（取引）を複式簿記で仕訳して記録し，この記録をGAAPにしたがって集約して作成されます。

財務諸表監査は，取引の仕訳・記録→GAAPに基づく集約というプロセスを逆にたどることで，財務諸表が会社の取引の結果を適切に反映しているかどうかを検証するものです。

監査人は，取引を裏づける書類（これは「**証憑《しょうひょう》書類**」と呼ばれます。）を特定の手続で確かめることによって，財務諸表が正確な会計記録に基づいて作成され，そこに計上されている金額が取引の結果を適正に反映しているかどうかを確認していくわけです。

このようにして行われる**記録の検証**は「**監査手続**」と呼ばれています。監査手続によって記録の**正確性を確かめる**ことで，それらを集約して作成される財務諸表が提供する会計情報が適正であるかどうか（重要な虚偽の表示が含まれていないかどうか）を裏づける根拠が得られることになります。この根拠を「**監査証拠**」といいます。

監査人は，監査意見を裏づける適合性（適切性）のある監査証拠を十分な量入手できたと判断したときに，それらを基礎として監査意見を表明することができるのです。

監査人が意見表明の基礎を得るまでのプロセスを図で示せば，次のようになるでしょう。

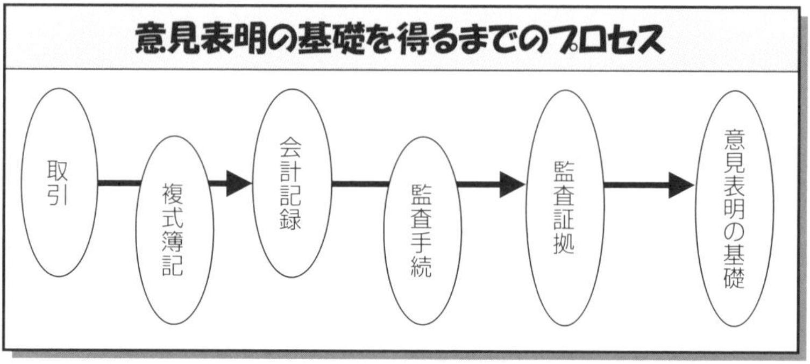

5「重要な虚偽の表示」とは？

▷▷(1)「重要な虚偽の表示」が意味することとは？

財務諸表監査の監査意見は，財務諸表が適正に表示されているかどうかについて表明されることになっています。財務諸表が適正に表示されているということは，財務諸表に**「重要な虚偽の表示」**が含まれていないということを意味します。

「重要な虚偽の表示」とは，財務諸表の利用者に誤った判断をさせる恐れのある**重大な誤表示や記載漏れ**などをいいます。

こうした事項は不注意によって発生する場合もあるでしょうが，とくに投資者を会社にとって都合の良い（誤った）判断に導くことを意図して行われるものが問題となります。

財務諸表は，投資者に対して，投資意思決定に当たっての判断材料である会計情報を提供するものです。もしこの情報が重要な虚偽の表示によって大きく歪《ゆが》められていれば，投資者は誤った意思決定をさせられ，場合によっては重大な損害を被《こうむ》る恐れがあります。

証券市場においては，不特定多数の投資者が財務諸表などの情報に基づいて投資意思決定を行います。重要な虚偽の表示を含む財務諸表によってもたらされる投資者の損害は，特定の個人にとどまるものではありません。

多数の投資者が同時に損害を被る恐れがあるのはもちろん，直接損害を受けていない者にとっても，**市場に提供される情報の信頼性への不安が高まる**という形で影響が及ぶと考えられます。

情報の信頼性が損なわれることによって市場に対する投資者の「信用」が失われることが，**市場経済により深刻な悪影響をもたらす**のです。

重要な虚偽の表示を含む財務諸表が市場に公表されないようにしなければなりません。このために財務諸表監査が必要とされるのであり，財務諸表監査が，非常に重要な役割を担っていることがわかるでしょう。

【コラム】市場に対する信用と「サブプライムローン問題」

2008年から2009年にかけて，アメリカでのサブプライムローン問題が原因で金融恐慌が発生しました。サブプライムローン（信用度の低い人に貸し出される住宅ローン）を証券化して組み込んだ，リスクの大きな金融商品に関する情報が十分に提供されなかったことにより，金融市場に深刻な信用危機が発生しました。市場で取引されている金融商品だけでなく，そうした金融商品の質を判断するための情報に対する不安が，市場に対する信用を大きく損なう結果になったと考えられます。

▷▷(2)「重要な虚偽の表示」は何が原因で発生するのか？

重要な虚偽の表示の多くは，**財務諸表の利用者を欺《あざむ》くための「不正な財務報告（粉飾）」や，「資産の流用」などの不正行為を隠すための意図的な記録の改ざん**などによって行われると考えられます。

不正な財務報告

- 財務諸表の基礎となる会計記録や証憑書類の偽造・改ざん
- 取引，事象または重要な情報の財務諸表での虚偽表示や除外
- 会計処理，表示科目または開示に関する意図的な会計基準の不適切な適用

いわゆる「粉飾」という行為は，**会社の業績を実際よりよく見せることで，意図的に財務諸表利用者の意思決定を誤らせようとするもの**です。

不正な財務報告による重要な虚偽の表示は，通常，会社の業績に責任をもつとともに，財務諸表の作成に責任を負う経営者が関与していると考えられます。

KEYWORD

粉飾――財務諸表の利用者の判断を誤らせて，自らに有利な意思決定をさせることを意図した不正な財務報告のことをいいます。通常は，“赤字”を“黒字”に見せかけたり，赤（黒）字額を実際より小さく（大きく）表示したりする形で行われます。

【コラム】 相次ぐ有名企業の不正会計事件

2000年以降，誰もが知っているような有名企業において，不正会計，いわゆる「粉飾」が発覚し，元社長らの経営者に有罪判決が下される事態となっています。2015年にも，有名な電機メーカーによる不正会計が明らかになり，３人の最高経営者が揃って退任するという異常事態となりました。不正会計の規模やその社会的影響は，それに関わった者の地位が高くなればなるほど大きくなる傾向があります。最高経営者が関与する不正会計は，企業の存続を危うくするものであるといわなければならないでしょう。

これに対して，「資産の流用」という不正行為は，多くの場合現場の従業員によって行われ，発覚しないように隠蔽《いんぺい》するための記録の改ざんや書類の偽造などをともなうと考えられます。

資産の流用

・売上代金の着服
・資産の窃盗《せっとう》
・提供を受けていない財貨・サービスに対する支払代金の着服

記録が改ざんされたり書類が偽造されたりすると，それらをもとにして作成される**財務諸表の数値が歪められ，それが大きくなれば重要な虚偽の表示となる**わけです。

財務諸表監査は，財務諸表に含まれる**重要な虚偽の表示**を発見しなければなりません。

監査人は，「**職業的懐疑《かいぎ》心**」をもって監査に臨み，重要な虚偽の表示の原因となる不正やその兆候を見逃さないように，適切な監査手続を実施する必要があるのです。

職業的懐疑心

監査人は，財務諸表の監査を実施するに際して，財務諸表の作成に責任を負っている経営者の誠実性を無条件で前提としてはなりません。もちろん，経営者が不誠実であると仮定したのでは，信頼関係の上に成り立つ財務諸表監査は実施不可能になってしまいます。

監査人は，経営者の誠実性について予断をもつことなく監査に臨まなければならないのです。敢えていえば，経営者が不正な財務報告のために，財務諸表に重要な虚偽の表示を行う可能性があるという疑いの心をもって監査に臨み，もし重要な虚偽の表示があれば，それを見逃さないようにしなければならないのです。

6 監査証拠とは何か？

監査人は，財務諸表の監査を行い，それが適正に表示されているかどうか，言い換えるとそこに重要な虚偽の表示が含まれていないかどうかについて意見を表明することを求められています。**監査意見**は，監査人が自ら入手した十分かつ適切な監査証拠に基づいて「**適正意見**」または「**不適正意見**」として表明されることになっています。

それでは，この「**監査証拠**」とは一体どのようなものなのでしょうか？

監査証拠とは，**監査人が監査意見を形成して表明するための基礎となるすべての情報**のことをいいます。それは，財務諸表の基礎である会計記録に含まれる情報とその他の情報に区別することができます。

▷▷(1)　会計記録に含まれる情報とは？

会計記録には，会社が行った取引を複式簿記で仕訳・記録して作成される伝票や帳簿類と，取引を裏づける証憑《しょうひょう》書類が含まれます。

伝票・帳簿類	総勘定元帳，補助元帳，仕訳帳，入出金伝票，振替伝票など
証憑書類	請求書，契約書，電信送金票，小切手など

▷▷(2)　その他の情報には何がある？

監査証拠となり得るその他の情報としては，株主総会や取締役会などの議事録，監査対象会社以外の第三者から入手した確認状，同業他社との比較分析表，内部統制の整備・運用に関する書類，内部監査人の監査報告書などがあります。

▷▷(3) 監査証拠に必要なことは？

監査証拠には，財務諸表に対する監査人の結論を支持するための証明力が必要です。

監査証拠の証明力は，その質（**適切性**）と量（**十分性**）によって測られます。

① **監査証拠の適切性**

監査証拠の質の適否は，適切性という概念で表されます。

監査証拠の適切性とは，取引，勘定残高，開示などに関連して，財務諸表レベルにおける**経営者の主張**を裏づけたり，虚偽の表示を発見したりするために監査人が入手した，監査証拠の適合性によって表されます。

経営者の主張
会社の経営内容を適正に表示している財務諸表を提示することは，経営者が一定の要件を満たしていると主張していることであると考え，その主張を検証するという形で財務諸表監査の手続が実施されるわけです。

例えば，売掛金残高の実在性（掛取引が実際に行われたものであり，取引残高が実際に存在すること）を検証するためには，経営者が未回収の売掛債権を保有していると主張する得意先に対して，監査人は直接売掛金の有無を確かめることになります。

こうして得られる監査証拠は検証対象である売掛金と直接対応するものですから，監査対象に適合しているということができるでしょう。

この監査証拠は監査対象会社の外から得られるものですから，その証明力は相対的に高いと判断することができます。

他方，掛取引の存在を確かめるためには，売掛金残高と売掛伝票との照合が必要です。こうして得られる監査証拠にも監査対象との適合性が認められます。

しかし，売掛伝票は会社内で作成されるものであり，実際には存在しない取引がねつ造されていたり，虚偽の金額が記載されたりする恐れがあります。このため，残高と伝票との照合によって得られる監査証拠の証明力は，相対的に低いといわざるを得ないでしょう。

②　監査証拠の十分性

監査証拠の量の適否は，十分性という概念で表されます。経営者の主張を裏づけるのに十分な量の監査証拠が入手されたかどうかが問われるわけです。

ある勘定の残高が正確に表示されているかどうかを確かめる場合に，関係する取引を１つ検証しただけでは，本当に勘定全体が正確であるかどうかを判断するのは難しいでしょう。取引の記録を管理するための手続（この手続は「**内部統制**」と呼ばれています。）の信頼性の程度にもよりますが，ある程度の件数を調べることによってはじめて勘定残高の正確性についての確信が得られることになると考えられます。

監査人は，一つひとつの取引の検証によって監査証拠を得ていくものと考えられますが，それらをある程度積み重ねることによって，必要な証明力をもった監査証拠を得ることができるのです。

このように，監査証拠は，**監査対象の適否についての判断を行うのに十分な量が必要とされる**のです。

監査証拠には，監査の対象となる事項に適合していること（適切性）が不可欠です。その上で，証拠の量に関わる十分性が満たされる必要があります。

適合性の高い監査証拠は少量でも十分な証明力をもつ可能性がありますが，監査対象に適合しない証拠はいくら量を増やしても必要な証明力をもつことにはなりません。

監査証拠に関しては，「量より質」は成り立つかもしれませんが，「質より量」は決して成り立たないという点に注意が必要でしょう。

監査証拠の質・量と証明力との関係

質

		高	低
量	多	強	弱
	少	強	弱

証明力

7 監査要点とは何か？

▷▷(1)　監査要点とは？

監査人は，監査意見を表明するための基礎を形成するために，十分かつ適切な監査証拠を入手しなければなりません。

十分かつ適切な監査証拠とは必要な証明力をもつ監査証拠を意味しますが，この時の証明力とは何を「証明する力」なのでしょうか？

例えば，売掛金勘定の残高の実在性が確かめられると，貸借対照表における売掛金に関する表示の適正性が一部証明されたといってよいでしょう。

売掛金勘定残高の実在性を確かめるということは，「売掛金勘定に計上されている金額は実際の取引によって発生したものであり，売掛先が実在する」と表現することができるでしょう。

監査人は，このように表現される**「命題」を証明するための監査証拠を入手する必要がある**のです。この「命題」は「**監査要点**」と呼ばれます。

監査人は，**監査要点を立証するのに適した証拠を，十分な量入手しなければならない**のです。

監査基準では，次に示すような監査要点が例示されています。これらはあくまでも例示であり，他にも例えば計算や記録の正確性，分類の妥当性，表示の明瞭性などが考えられます。

監査要点の例	
実　在　性	資産及び負債が実際に存在し，取引や会計事象が実際に発生していること
網　羅　性	計上すべき資産，負債，取引や会計事象をすべて記録していること
権利と義務の帰属	計上されている資産に対する権利及び負債に関する義務が会社に帰属していること
評価の妥当性	資産及び負債を適切な価額で計上していること
期間配分の適切性	取引や会計事象を適切な金額で記録し，収益及び費用を適切な期間に配分していること
表示の妥当性	取引や会計事象を適切に表示していること

財務諸表監査では，**財務諸表に表示されている事項を経営者による（経営内容に関する）主張と捉えて，これを立証する**という考え方がとられています。

監査人は，こうした経営者の主張に基づいて監査要点を設け，立証するわけです。

▷▷(2)　監査要点は階層化されて立証される

財務諸表監査では，財務諸表が会社の経営内容を適正に表示しているかどうかに対して監査意見が表明されることになっています。すなわち，財務諸表監査においては，最終的に「**財務諸表の適正表示**」という監査要点の立証が目的とされているのです。監査人は，この監査要点を立証するために監査証拠を入手し，意見表明のための基礎を形成しようとしているわけです。

監査要点の階層化と立証の仕組み

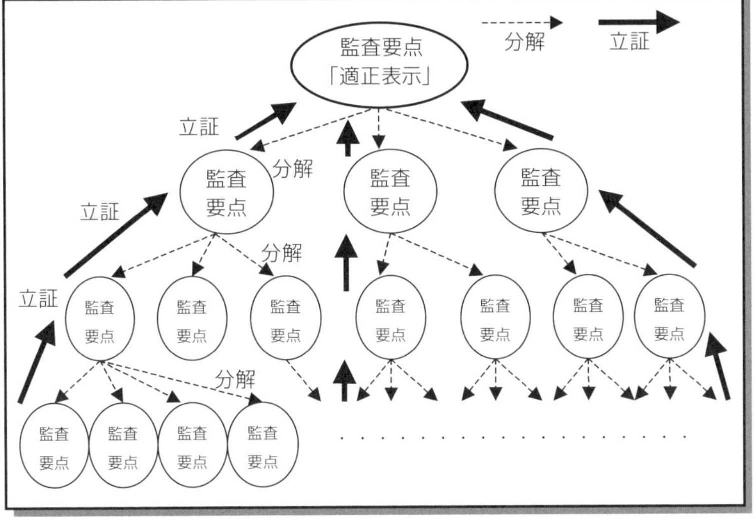

しかし，「財務諸表の適正表示」という監査要点を立証するのは，それほど容易なことではありません。そもそも，**「財務諸表の適正表示」**がどのようなことを意味しているのかが明確ではないからです。

そこで，監査人は，**「財務諸表が会社の経営内容を適正に表示している」**と判断するためには，どんなことを立証する必要があるかを解釈しなければなりません。

「財務諸表が全体として経営内容を適正に表示している」という監査要点は，会計記録や証憑書類によって直接裏づけることはできません。

「財務諸表の適正表示」という監査要点は，**会計記録や証憑書類と直接関連づけられる個別要素にまで，何段階かに渡って分解される**ことになります。そして，この個別要素に関する監査要点を立証するために監査手続が行われます。

　このように**階層化された監査要点の立証**によって得られた監査証拠が積み重ねられ，財務諸表の適正表示という最終的な監査要点が立証されることになるわけです。

8 監査手続とは何か？

▷▷(1) 監査手続とは？

財務諸表監査は，監査要点を立証することによって，**財務諸表に重要な虚偽の表示が含まれておらず，適正に表示されているということを証明する行為**です。

監査要点を立証して監査証拠を入手するために行われる行為は，「**監査手続**」と呼ばれています。

財務諸表監査は，監査手続を実施して，財務諸表に重要な虚偽の表示が含まれていないことを確かめる行為であるということになります。

すでに説明したように，監査証拠には，会社が作成した会計記録や取引先などから受け取った証憑《しょうひょう》書類，あるいは会社の重要な会議の議事録や社外の第三者から受け取った確認状などが含まれます。

ただし，ここで十分に注意しなければならないことは，これらの記録や書類などは，**それだけでは監査証拠とはならない**ということです。このように述べると，「一体どういうこと？」という疑問がわくかもしれません。

実は，ここに監査手続が関係しているのです。

例えば，領収証は現金の支払いを裏づける証憑書類ですが，それだけでは監査証拠とはいえません。監査人が現金の支払額の正確性を検証するために帳簿と領収証を突き合わせたときに，その領収証は帳簿記録とともに１つの監査証拠となるのです。

証拠資料・監査手続・監査証拠の関係

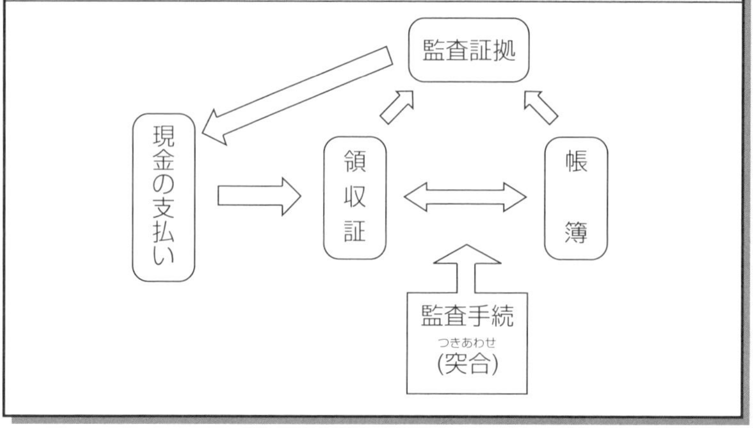

領収証という書類が形を変えるわけではありませんが，**監査人が支払額の正確性を確かめるという意図をもって領収証を調べる**ことによって，それが監査人の「支払額は正確である」という判断の基礎として意味をもつようになります。

この時，**監査人が特定の意図をもって行う検証行為が監査手続**であり，**その結果として下される監査人の判断そのものが**，検証の対象となった記録や書類などとともに**監査証拠となる**のです。監査証拠を入手するために行われる監査手続としては，以下に示すようなものがあります。

【コラム】 監査手続と監査技術

監査手続は，監査人が監査証拠を得るために行う一連の判断プロセスのことをいいます。この時に用いられる技法を監査技術と呼んでいます。しかし，これらの概念はしばしば区別なく用いられており，監査証拠を入手するために実施される技法のことを監査手続と呼ぶ場合が多くなっています。

概念的には明確に分けるべきかもしれませんが，監査論のように実務的な性格が強い分野では，実務慣習的な用語法にも慣れておく必要があるかもしれません。

質問	財務諸表項目や取引について経営者や従業員に直接説明を求める手法で，口頭によるものと書面によるものとがあります。
観察	業務が行われている現場で，監査人が実施の様子を直接見る手法で，質問と合わせて行われます。会社が行うたな卸資産の実地棚卸《たなおろし》の状況を確かめる「立会《たちあい》」はこの手続の一種です。
閲覧	重要な会議の議事録，重要な取引の契約書，会計帳簿や伝票，証憑書類などの記録や文書を，監査人が直接その目で確かめる手法です。
実査	期末日などに有形資産を監査人が実際に自分の目で確かめたり，現金や有価証券などを実際に数えたりしてそれらの実在性を確かめる手法です。小切手，受取手形などは，原則として，決算期末日に現金と同時に直接確かめる必要があります。
確認	質問の一種で，監査人が郵便で金融機関や会社の取引先などに直接問い合わせをして，売掛金，預金などの資産の実在性や買掛金，借入金などの負債の網羅《もうら》性を確かめる手法です。客観性の高い監査証拠を得ることができるため，最も重要な監査手続です。

再　計　算	監査人自身が直接計算し直すことで計算の正確性を確かめる手法です。
再　実　施	監査人自身が会社の管理業務を実際に行ってみることによって，その有効性を確かめる手法です。
分析的手続	財務諸表に含まれる財務データ相互間または他の経営情報との関連から，財務諸表項目の合理性を推定する手法です。監査のプロセス全般に渡って実施される適用範囲の広い手法です。

1つの監査手続で複数の監査要点を同時に立証できる場合もあれば，複数の監査手続を組み合わせて特定の監査要点を立証する場合もあるでしょう。

監査人は，**監査要点に適合し，十分かつ適切な監査証拠を得られる監査手続を選択して実施しなければなりません。**

9　試《し》査《さ》とはどんな手法か？

監査人は，会社の会計記録や証憑書類などについて監査手続を実施して監査証拠を入手します。

会社は大量の会計記録や証憑書類をもっていますが，時間や費用に制約があるために，監査人はそれらをすべて確かめることはできません。

そこで，「**試査**」と呼ばれる手法が採用されています。

試査は，すべての記録や書類を直接確かめるのではなく，それらの中から**一定のルールにしたがってサンプルを抜き出して調査をする手法**です。

監査人は，監査要点を立証するのに必要な記録や書類からサンプルを抜き出し，それに対して適当な監査手続を選択して実施します。こうして入手した監査証拠によって得られた結論に基づいて，**記録や書類全体の状態を推定する**わけです。

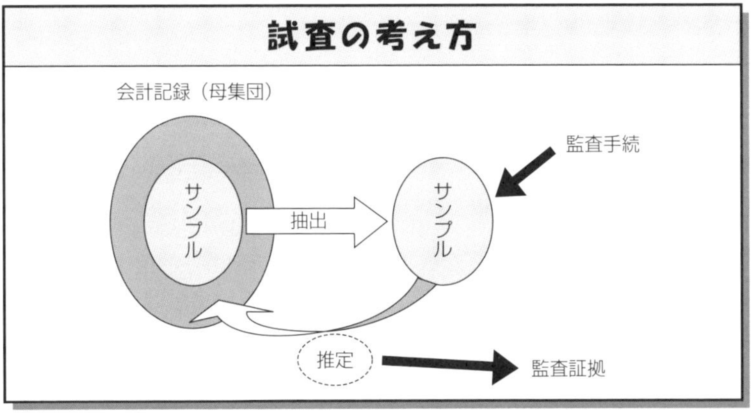

試査の考え方

試査は，会計記録や証憑書類の一部だけを検証の対象とする手法です。監査人が直接調査しないものがあるため，そこに存在する虚偽や誤りを見逃す危険があります。

それにもかかわらず，財務諸表監査が試査によって行われるのはなぜでしょう？この問に対しては，２つの観点から答えることができるのではないかと思います。

１つは，監査を行うに際して，**時間や費用などに制約がある**ということです。

財務諸表監査は法律に基づく制度として実施されているため，監査の結論を伝達する**監査報告書**は，一定の期限までに作成され，提出されなければなりません。このため，**監査手続にかけることのできる時間は限られています。**

監査人は，**職業的専門家**として，監査を行うことによって報酬を得ています。監査を依頼する会社にとっては，監査人の報酬は費用として会社の収益から支払うことになります。**必要なだけいくらでも支払うというわけにはいかない**でしょう。

このような制約の下で監査手続を実施するためには，監査の機能を損なわない範囲で，**手続を合理化して効率的に行う必要があります**。このためにとられる手法が**試査**というわけです。

もう１つの観点は，**財務諸表監査に期待されている役割**に基づく考え方です。

わが国には，法律に基づいて実施される制度としての監査が多数あります。これらのうちでもとくに，職業的専門家としての**公認会計士によって実施される財務情報の監査**が，現代の市場経済において重要な役割を果たしています。

本章では，まず，制度としての公認会計士による監査について概要を説明します。

その後で，公認会計士監査以外の監査制度についても簡単に触れることにしましょう。

KEYWORD

法定監査――法令によって実施が義務づけられている監査

財務諸表監査は，財務諸表が利用者の意思決定の資料として使われることを前提としています。財務諸表によって提供される情報は会社の経営内容を的確に判断できるものであればよく，**すべての記載事項が完全に正確である必要はありません。**

極端にいえば，経営内容に関する判断に影響を与えないものであれば，財務諸表に多少の誤りが含まれていても許容されます。財務諸表監査は，**財務諸表に，利用者の判断に影響を与える誤りである「重要な虚偽の表示」が含まれていないことを保証すればよい**のです。

それならば，会計記録や書類などをすべて詳細に調査しなくても，つまり試査によっても，財務諸表監査は期待された機能を果たすことができると考えられるのです。

財務諸表監査はなぜ試査によって行われるの？	
1．時間，費用の制約	監査の機能を損なわない範囲で手続を合理化する
2．財務諸表監査の役割	すべての虚偽の表示を発見する必要はない

CHAPTER 2

監査制度の概要を把握しよう

1　金融商品取引法に基づく監査～財務諸表監査
2　会社法に基づく監査～会計監査人監査
3　公認会計士が行う監査には他にどんなものがあるか？
4　監査制度を支える要件を確認しよう
5　公認会計士監査以外の監査にはどんなものがあるか？

1　金融商品取引法に基づく監査～財務諸表監査

▷▷(1)　財務諸表監査とは？

公認会計士の職業団体である**日本公認会計士協会**（JICPA）によれば，わが国で**公認会計士が行う法定監査**として，次に示すようなものがあるとされています。

わが国で公認会計士が行う法定監査

1．金融商品取引法に基づく監査（財務諸表監査）
2．会社法に基づく監査（会計監査人監査）
3．保険相互会社の監査
4．特定目的会社の監査
5．投資法人の監査
6．投資事業有限責任組合の監査
7．受益証券発行限定責任信託の監査
8．国や地方公共団体から補助金を受けている学校法人の監査
9．寄付行為等の認可申請を行う学校法人の監査
10．信用金庫の監査
11．信用組合の監査
12．労働金庫の監査
13．独立行政法人の監査
14．地方独立行政法人の監査
15．国立大学法人・大学共同利用機関法人の監査
16．公益社団・財団法人の監査
17．一般社団・財団法人の監査
18．消費生活協同組合の監査
19．放送大学学園の監査
20．農業信用基金協会の監査
21．農林中央金庫の監査
22．政党助成法に基づく政党交付金による支出などの報告書の監査
23．社会福祉法人の監査
24．医療法人の監査　など

（JICPAのホームページhttp://www.hp.jicpa.or.jp/より）

市場経済にとって最も重要な法定監査として，**金融商品取引法**に基づいて実施される，いわゆる「**財務諸表監査**」があります。

金融商品取引法の第193条の２第１項は次のように規定して，上場会社等に対して，**公認会計士または監査法人による財務諸表の監査**を義務づけています。

金融商品取引法第193条の2 第1項

金融商品取引所に上場されている有価証券の発行会社その他の者で政令に定めるものが，この法律の規定により提出する貸借対照表，損益計算書その他の財務計算に関する書類で内閣府令で定めるものには，その者と特別の利害関係のない公認会計士又は監査法人の監査証明を受けなければならない。

金融商品取引法は，「国民経済の健全な発展と投資者の保護に資すること」を目的とする法律です。そのための手段とされているのが，**経営内容に関する情報開示（ディスクロージャー）**です。

金融商品取引法第1条 目的

企業内容等の開示の制度を整備するとともに，金融商品取引業を行う者に関し必要な事項を定め，金融商品取引所の適切な運営を確保すること等により，有価証券の発行及び金融商品等の取引等を公正にし，有価証券の流通を円滑にするほか，資本市場の機能の十全な発揮による金融商品等の公正な価格形成等を図り，もって国民経済の健全な発展及び投資者の保護に資することを目的とする。

財務諸表は，ディスクロージャーの最も重要な手段として位置づけられています。投資者を保護するためには，信頼できる情報に基づいて投資に関わる意思決定を行うことのできる環境を整える必要があります。

金融商品取引法は，**ディスクロージャー制度の不可分な要素**として，財務諸表監査を位置づけていると考えることができるのです。

ディスクロージャー制度

金融商品取引法は，上場会社などに対して，「有価証券報告書」と呼ばれる，投資者保護のために役立つ様々な会社情報を記載した報告書の作成と提出を義務づけています。会社は，事業年度ごとに，決算日から３ヶ月以内に有価証券報告書を内閣総理大臣に提出しなければなりません。もし有価証券報告書に虚偽記載等があった場合には，会社はそのことによって生じた損害を賠償する責任を負うことになります。

【コラム】 四半期レビュー

会社は，少なくとも１年に１度決算を行って財務諸表を作成，公表しなければなりません。しかし，今日では，資本市場がグローバル化し，世界中の投資者がまさに国境を越えて投資活動を行うようになっています。このような状況では，１年に１度の決算情報では投資の判断材料としては不十分であるといわれるようになりました。

このため，１年を３ヶ月ごとに分けて，四半期財務諸表を公表する「四半期報告制度」が制定されました。これにともなって，四半期財務諸表の信頼性を保証するために，公認会計士による証明が求められるようになりました。ただし，情報提供の迅速性を確保するために，年度監査よりも手続を大幅に簡略化した「四半期レビュー」という手法が採用されています。

四半期レビューでは，質問と分析的手続と呼ばれる簡便な監査手続だけを実施し，監査人の結論も「重要な虚偽の表示が含まれていると信じさせる事項は認められなかった」という，“消極的”な形で表現されることになっています。

【コラム】内部統制監査

21世紀になって，アメリカやヨーロッパ，さらには韓国や日本など，ほぼすべての国で大規模な不正会計事件が発生しました。財務報告の信頼性を確保するための仕組み（「内部統制」と呼ばれています。）が十分に機能していなかったことが原因ではないかとして，経営者に対して内部統制の整備と有効性の評価及び報告を義務づけ，その報告書を監査人に監査させるという制度が制定されました。

わが国では，金融商品取引法に基づいて，2008年４月以降に始まる会計期間から，経営者による内部統制報告書の作成と監査人による内部統制報告書の監査が制度化されています。

▷▷(2)　財務諸表監査の監査意見

財務諸表監査では，監査人は，財務諸表が適正に表示されているかどうかについて監査意見を表明することになっています。

監査を実施した結果，財務諸表に重要な虚偽の表示は含まれておらず，**経営内容を適正に表示していると認める場合には，監査人は「適正意見」を表明**して当該財務諸表の信頼性に保証を与えます。

逆に，重要な虚偽の表示が含まれており，**財務諸表が経営内容を適正に表示していないと判断したときには，監査人は「不適正意見」を表明**しなければなりません。

重要な虚偽の表示の存在と監査意見との関係は，次のように示すことができます。

財務諸表監査の監査意見

重要な虚偽の表示	「無」→適正意見 「有」→不適正意見

財務諸表の利用者である投資者は，監査意見によって信頼性を保証された財務諸表を利用して投資に関わる意思決定を行うことができます。

特定の会社に対して投資を行うかどうかは，投資者自身が判断することです。また，その結果については，いわゆる「**自己責任の原則**」によって，**投資者自身が責任を負わなければなりません。**だからこそ，投資者に対して**信頼できる財務諸表が提供される必要がある**のです。

こうした意味で，市場への公表を前提として作成される財務諸表の監査は，市場経済を支えるきわめて重要な役割を担っているといえるでしょう。

2 会社法に基づく監査～会計監査人監査

▷▷(1) 会計監査人監査とは？

公認会計士が行う法定監査のうちで，監査対象の数が最も多いのが**会社法に基づく監査**です。

【コラム】 会計監査人監査の歴史

1970年代に発生した大規模な粉飾事件に対応するために，商法の監査についての特例法（商法特例法）が制定されました。この法律によって，一定規模の株式会社に対して，監査役による会計監査の特例として，公認会計士による計算書類の監査が義務づけられました。現在，商法特例法は会社法に吸収され，会計監査人制度も会社法上の制度として受け継がれています。

会社法の下では，**大会社は会計監査人を置かなければなりません**（第328条）。

会計監査人になれるのは，公認会計士または監査法人といった職業的専門家に限られています。

大会社とは？

次の金額のいずれかを満たす株式会社

① 資本金５億円以上

② 負債総額200億円以上

KEYWORD

監査法人——公認会計士法に基づいて，公認会計士などが出資して設立される法人で，いわば公認会計士の「会社」とでもいえるものです。監査証明などの業務を組織的に行うことができます。

株式会社は，株主に対して計算書類によって決算報告をする必要があります。中でも大会社は，大量の会計データを複雑な会計基準によって処理しています。また，非常に多くの株主その他の利害関係者をもち，その経営状態は社会的にも大きな影響を及ぼします。

このため，とくに大会社については，決算報告に際して会計監査人の監査を受け，計算書類の信頼性についての保証を得ることが義務づけられているのです。

▷▷(2)　会計監査人の監査意見

会計監査人は，会社が**株主総会に提出する計算書類および附属明細書を監査**して，それらが適正に表示されているかどうかについて意見を表明します。

監査人は，**計算書類に重要な虚偽の表示が含まれておらず，適正に表示されていると認める場合には「適正意見」**を，**重要な虚偽の表示が含まれており，適正に表示されていないと判断した場合には「不適正意見」**を表明しなければなりません。

重要な虚偽の表示の存在と監査意見との関係は，次のように示すことができます。

会計監査人の監査意見

重要な虚偽の表示	「無」→適正意見
	「有」→不適正意見

株主は，会計監査人によって監査された計算書類に基づいて会社の経営成績を判断します。そして，経営者が自分たちの利益に適う経営を行っているかどうかを考慮して，経営者の選任・解任に関する意思決定を行うのです。

▷▷(3)　なぜ公認会計士監査制度が２つあるのか？

金融商品取引法に基づく**財務諸表監査**の監査意見と会社法による**会計監査人監査**の監査意見を比べてみて下さい。２つの監査意見が，**全く同じ考え方に基づいて表明される**ことがわかるでしょう。

これら２つの法定監査をともに実施しなければならない会社では，**同一の公認会計士または監査法人が，ほとんど同じ手続によって監査を実施**しています。実質的に同一の監査であるにもかかわらず，根拠となる法律が異なるために別々に監査意見が表明される形になっているのです。

実際には，これら２つの監査は同時に行われています。しかし，形式上の話に過ぎないとはいえ，実質的に同じ監査が重複して存在するのは，恐らく世界中で日本だけでしょう。

監査基準が国際的に統一される中で，近い将来，わが国の監査制度も名実ともに一本化に向けた，何らかの調整を迫られることになるかもしれません。

3 公認会計士が行う監査には他にどんなものがあるか？

ここまで，代表的な**公認会計士監査**として，**金融商品取引法による財務諸表監査**と**会社法による会計監査人監査**について説明してきました。

公認会計士が行う監査には，その他に41頁の表の３．以下に示すものがあります。これらの監査も基本的には会計監査ですが，金融商品取引法における財務諸表監査や会社法における会計監査人監査とはやや異なる目的をもち，異なる役割を期待されていると考えることもできます。

財務諸表監査や会計監査人監査では，財務諸表や計算書類（以下では，これらを合わせて「財務諸表等」と表記します。）が，**「一般に公正妥当と認められる企業会計の基準（GAAP）」**にしたがって作成されており，会社の経営内容を適正に表示するものであるかどうかが検証され，そのことについて監査意見が表明されます。

【コラム】財務諸表と計算書類

会計情報を伝達するために作成される計算書の名称は，それを要求する法律によって呼び方が異なっています。金融商品取引法では「財務諸表」と呼ばれるのに対して，会社法では「計算書類」と呼ばれる，といった具合です。

「財務諸表」と「計算書類」を構成する書類には多少の違いがありますが，会社の経営内容を分析するのに必要な情報を提供するものであるという意味では，両者に基本的な違いはありません。

本書では，法律にしたがって区別して表記していますが，監査対象としての会計報告書として本質的な違いはないといってよいと思います。

つまり，これらの監査は，財務諸表等によって利用者に対して公表される**「会計情報の信頼性」を保証することが目的**とされているわけです。

この場合，会計処理の適切さは，財務諸表等が適正に表示されるための要件として認識されますが，監査人は，**会計処理それ自体に対して意見を表明することを期待されているわけではありません。**

これに対して，例えば「国や地方公共団体から補助金を受けている学校法人の監査」では，会計報告書が重要であることに変わりはありませんが，金融商品取引法や会社法とはやや異なる観点から監査が行われる必要があるように思われます。

この場合の会計報告書は，補助金の使用および会計処理の状況を確認するために，国や地方公共団体から提出が要求されるものです。

したがって，監査の目的も，会計報告書が当該学校法人の経営（運営）状況を適正に表示しているかどうかについての監査意見が求められるのではなく，**補助金の会計処理が適切に行われているかどうか**を確認することに主眼が置かれるでしょう。

41頁の表にはこうした目的で行われる監査がいくつか含まれています。こうした監査の場合には，**監査結果の利用者**は不特定多数の投資者ではなく，通常，**国や地方公共団体**など特定の者に限られています。このため，監査人の意見の意味や監査に期待される役割も，財務諸表監査などとはやや異なったものとなるはずです。

このように，同じく公認会計士や監査法人によって行われる会計監査であっても，すべてが同じ目的で行われるわけではありません。それにともなって，監査手続の実施方法も影響を受けるはずです。

具体的にいえば，公認会計士が行う会計監査といっても，すべての監査が試査という手法によって行われることができるかといえば，（少なくとも理論的には，）必ずしもそうとはいえないはずです。この点には十分注意する必要があるでしょう。

公認会計士による監査の目的は1つではない	
1．会計情報の信頼性の保証	金融商品取引法監査，会社法（会計監査人）監査など
2．会計処理の適切性の検証	学校法人の監査，政党交付金の監査など

4 監査制度を支える要件を確認しよう

▷▷(1) 監査人に求められる要件とは？

① 監査人にとって最も重要な要件：公正不偏性と独立性

監査が制度として成り立つためには，いくつかの要件が満たされなければなりません。

例えば，財務諸表監査のように不特定多数の者が監査の結果を利用する場合には，監査人が特定の利用者にだけ有利になるような判断をしてはならないでしょう。

監査人は，被監査会社（監査を受ける会社）に対してはもちろん，不特定多数の利害関係者の誰にも偏《かたよ》ることなく，**公正な判断に基づいて監査意見を形成し，表明しなければなりません。**

監査人には，こうした公正不偏性が求められます。これは通常「**精神的独立性**」または「**実質的独立性**」と呼ばれます。

監査人は実際に偏りのない公正な判断を下さなければなりませんが，監査の利用者から**判断の公正性や不偏性について疑いを持たれるようなことがあってはなりません。**

例えば，監査人が監査の対象である会社（被監査会社）と経済的な関係（株主であるとか借金があるとか）や身分的な関係（取締役などの役員であるとか使用人として雇用されているとか）をもっていれば，監査人の判断の公正性や不偏性が疑われることになるでしょう。

このように，監査人が**判断の公正性や不偏性に疑いを持たれる恐れの**

ある関係をもたないことを「独立性」と呼びます（**「外見的（あるいは外観的）独立性」**または**「形式的独立性」**と呼ぶこともあります。）。

監査は，**第三者である監査人によって行われる客観的な検証**であるという点に最大の特徴があります。

監査人は，監査対象からも監査の利用者からも独立した第三者の立場で監査意見を形成して表明しなければなりません。**公正不偏性と独立性は監査の命です。これらを欠いたのでは監査とは呼べない**のです。

監査人の要件とは？	
1．公正不偏性	公正で偏りのない判断を下せる精神状態にあること
2．外見（形式）的独立性	判断の公正性や不偏性に疑いを持たれるような関係のないこと

②　職業的専門家としての要件：専門的知識と能力

職業的専門家である監査人によって行われる監査に対しては，正に監査人が職業的専門家であるということの故に，利用者からの大きな信頼と期待が寄せられることになります。

監査人は，こうした信頼と期待を裏切らないために，**職業的専門家にふさわしい専門的な知識と能力を維持し，さらに向上させられる**ように不断の努力をする必要があるでしょう。

例えば，財務諸表監査や会計監査人監査では大規模な株式会社が監査の対象となるため，監査人は複雑な会計基準を十分に理解しなければなりません。また，グローバルに活動する監査人は，会計基準の国際的な動向にも精通している必要があるでしょう。

監査人がこのような専門的な知識を要求されるのは，それが監査人の公正不偏性を支える重要な要素だからです。

監査人が公正で偏りのない判断をするということは，**自分自身の確信に基づく判断をする**ということだといってよいでしょう。

例えば，１つの会計処理について判断するとき，それを規制する会計基準を十分に理解していれば，会社が行った処理が基準にしたがった適切なものであるかどうかを自分自身で，誰の意見にも惑わされずに判断することができるはずです。

もし監査人が会計基準について十分な知識をもっていないと，会社の経理責任者の説明を鵜呑みにせざるを得なくなるかもしれません。このとき，監査人の判断の公正性や不偏性が失われていることになるのです。

このように，監査人は，誰にも左右されない独自の判断を下すことができるように，常に新しい知識を身につけ，それを維持していかなければならないのです。

こうした状態を確保できるようにするために，職業的専門家である公認会計士に対しては，**継続的専門研修（CPE）を受けることが義務づけられています。**

【コラム】 継続的専門研修（CPE）

公認会計士に職業的専門家としての高度な能力を維持させるために，1998年から導入されました。公認会計士は，集合研修，自己学習，著書等の執筆，研修会の講師などを通じて，年間40単位を取得する必要があります。

CPEが職業的専門家としての能力を高めるものであることはもちろんですが，CPEにはもう１つの効果があるように思われます。それは，こうした研修制度が設けられていることによって，監査人の判断の公正不偏性に対する利用者の信頼が高まる，すなわち**監査人の外見的独立性が高まる**だろうということです。

継続的専門研修（CPE）の効果は？
○専門的能力の向上→判断の公正不偏性の向上
○専門的能力向上の印象→判断の公正不偏性に対する信頼（外見的独立性）の向上

▷▷(2)　適切な監査を実施するために必要なこと：監査の基準

利用者に信頼される適切な監査を実施するためには，監査人の要件や監査の実施手続などについて，何らかのルールが設けられる必要があるでしょう。

ここでは，金融庁の企業会計審議会が設定している『**監査基準**』と日本公認会計士協会（JICPA）が設定している『**監査基準委員会報告書**』について，簡単に紹介しておきましょう。

①　金融庁・企業会計審議会『監査基準』

監査人が監査の結果を報告する監査報告書には，「我が国において一般に公正妥当と認められる監査の基準に準拠して監査を行った」という一文が記されることになっています。

ここでいう「**一般に公正妥当と認められる監査の基準**」（GAASと呼ばれることがあります。）の代表が，金融庁・企業会計審議会によって設定されている『**監査基準**』です。

『監査基準』は，「監査実務の中に慣習として発達したもののなかから，一般に公正妥当と認められるところを帰納要約した原則」として，1950年に設けられました。

そして，「職業的監査人は，財務諸表の監査を行うに当り，法令等によって強制されなくとも，常にこれを遵守しなければならない」基準であるとされていました。

これは今日でも変わっていません。『監査基準』は法令ではなく，また，法令によって遵守することが強制されているわけでもありませんが，職業的専門家である監査人は，この**基準にしたがって監査を実施しなければならない**のです。

現行の『監査基準』は，次に示すように，やや長い前文と４つの基準などから構成されています。

「監査基準」の構成

前文
第1　監査の目的
第2　一般基準
第3　実施基準
　1　基本原則
　2　監査計画の策定
　3　監査の実施
　4　他の監査人等の利用
第4　報告基準
　1　基本原則
　2　監査報告書の記載区分
　3　無限定適正意見の記載事項
　4　意見に関する除外
　5　監査範囲の制約
　6　継続企業の前提
　7　監査上の主要な検討事項
　8　その他の記載内容
　9　追記情報
　10　特別目的の財務諸表に対する監査の場合の追記情報

② 日本公認会計士協会『監査基準委員会報告書』(『監基報』)

企業会計審議会の『監査基準』は，公認会計士が監査を実施するための要件や手続などを定めた，最も基本的な基準です。

すでに紹介したように，公認会計士は様々な監査に関与しますが，それらすべての監査の実施に当たってこの『監査基準』にしたがわなければなりません。このため，『監査基準』の規定は，特定の監査だけに合わせるのではなく，**基礎的・一般的な内容を示すもの**となっています。

実際に監査を行うためには，もう少し具体的で詳細な指針のようなものが必要です。

そこで，JICPAが**監査基準委員会**を設け，その報告書という形で監査の実務指針としての性格を持つ基準である**『監査基準委員会報告書』（監基報）**を設定することになっています。

監基報も法令ではありませんし，法令によって強制されているものでもありません。しかし，公認会計士は，自らが所属する職業団体が定める基準であり，**職業倫理上もこれにしたがって監査を実施しなければなりません。**

現在，『監基報』としてどのようなものが設けられているかについては，JICPAのホームページ（http://www.hp.jicpa.or.jp/）を参照してください。

『監基報』は，**監査基準の国際的統一化の動向を考慮して設けられているもの**であるということを付け加えておきます。

5　公認会計士監査以外の監査にはどんなものがあるか？

わが国には，公認会計士によって行われる監査以外にも，会社法に基づく**監査役／監査委員会／監査等委員会監査という法定監査**があります。

また，法定監査ではありませんが，**会社の内部で任意に実施される内部監査**がよく知られています。

これらの監査と公認会計士監査との最も大きな違いの１つは，監査を行うために特別な資格が要求されていないということです。監査役や監査委員会ないし監査等委員会の委員は，それぞれ会社法上の会社の役員です。また，内部監査は，多くの場合，会社内の人事ローテーションによって監査部（監査室と呼ぶ会社もあります。）に配属された従業員が監査を行います。

以下では，これらの監査について簡単に説明することにしましょう。

▷▷(1)　法定監査としての監査役／監査委員会／監査等委員会監査

会社法では，会社は監査機関として，監査役（会）か監査委員会または監査等委員会かのいずれかを選択できることになっています。監査役（会）を選んだ会社は「**監査役（会）設置会社**」，監査委員会を選択した会社は「**指名委員会等設置会社**」，監査等委員会を選択した会社は「**監査等委員会設置会社**」と呼ばれることになります。

①　監査役（会）設置会社の場合

監査役設置会社では，１人以上の監査役が選任されなければなりません。また，大会社の場合には，３人以上の監査役を選任し，全員で監査役会を構成します。この場合に，監査役会設置会社と呼ばれることになります。

監査役は，取締役の職務の執行を監査するものと定められています（会社法第381条第１項）。

監査役の監査は，一般に，**業務監査**と**会計監査**に分けられています。このうち，**会計監査は計算書類の監査**です。会計監査人が選任されている会社（「**会計監査人設置会社**」と呼ばれます。）では，会計監査人が計算書類の監査を行うため，監査役はその方法および結果が相当であるかどうかを確かめることになります。

会計監査人設置会社の監査役は，**業務監査に特化**する形で，**取締役の職務執行が法令や定款にしたがって適法に行われているかどうか，著しく不当なものがないかなどについて監査する**ことになります。

②　指名委員会等設置会社の場合

指名委員会等設置会社とは，取締役会の中に「**指名委員会**」「**監査委員会**」「**報酬委員会**」という３つの委員会を置く会社をいいます。また，取締役会の監督の下で業務を執行する「執行役」が置かれ，会社経営に関わる意思決定および監督（取締役会）と業務執行（執行役）が明確に分離されています。

監査委員会は，執行役および取締役の職務の執行を監査します。また，株主総会に提出する会計監査人の選任等に関する議案の内容を決定するのも監査委員会の職務とされています（会社法第404条第２項）。

③　監査等委員会設置会社の場合

監査等委員会設置会社では，監査役の代わりに３人以上の監査等委員が選任され，この委員全員によって構成される監査等委員会が，取締役の職務の執行を監査します。その他，会計監査人の選任等に関する議案の内容の決定など，監査委員会と同様の職務を行うことになっています（会社法第399条の２）。

▷▷(2)　任意監査としての内部監査

監査には，法令等によって実施が義務づけられている**法定監査**（「**強制監査**」といわれる場合もあります。）だけではなく，**会社等が必要に応じて自発的に実施する監査**もあります。こうした監査は，一般に「**任意監査**」と呼ばれています。

任意監査のなかでも最もよく知られているのが「**内部監査**」です。

内部監査は次のように定義されています。

> **内部監査の定義**
>
> 内部監査とは，組織体の経営目標の効果的な達成に役立つことを目的として，合法性と合理性の観点から公正かつ独立の立場で，ガバナンス・プロセス，リスク・マネジメントおよびコントロールに関連する経営諸活動の遂行状況を，内部監査人としての規律遵守の態度をもって評価し，これに基づいて客観的意見を述べ，助言・勧告を行うアシュアランス業務，および特定の経営諸活動の支援を行うアドバイザリー業務である。（一般社団法人日本内部監査協会『内部監査基準』より。http://www.iiajapan.com/）

内部監査は，付加価値（利益）を生み出すという**会社の目標が有効か**

つ効率的に達成されるように支援することを目的とする監査です。

会社の経営には，目標達成の障害となる要因であるリスクが付きものです。経営者はこうした**リスクをうまくコントロール**しながら有効な経営を行う必要があります。このために，**内部統制**や**リスク・マネジメント**といった仕組みを設けます。

内部監査は，こうした仕組みが有効に機能しているかどうかをチェックし，問題があれば改善を促すといった形で**目標達成を支援する役割**を担っているわけです。

会社法上の監査および内部監査は，公認会計士監査とともに，経済社会において重要な役割を果たしています。これらの３つの監査は，しばしば**三様監査**と呼ばれます。三様監査の関係を図で示せば，次のようになるでしょう。

三様《さんよう》監査とは？

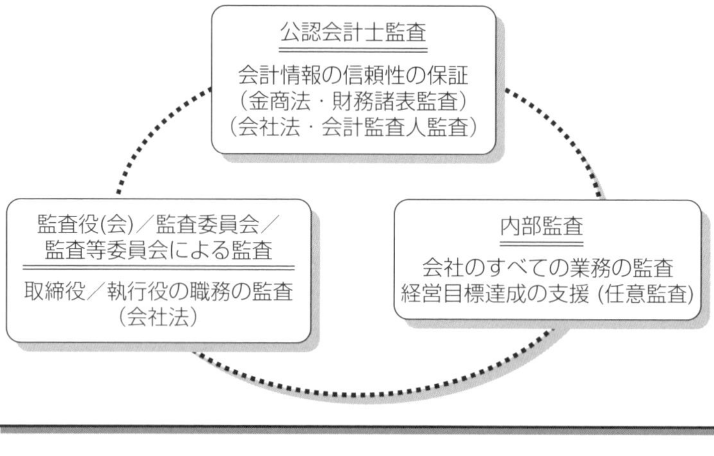

CHAPTER 3

公認会計士はどのような人か？

1　公認会計士は職業的専門家
2　公認会計士の使命とは何か？
3　公認会計士が行う業務とは何か？
4　公認会計士に求められるもの
5　監査人の立場
6　監査人に求められる業務上の姿勢
7　監査人に求められる業務上の規範
8　監査人に求められる倫理
9　監査人の責任
10　公認会計士になるには
11　公認会計士の現状
12　監査法人とは？
13　監査法人の特徴
14　専門的能力を維持するには～継続的専門研修制度

1　公認会計士は職業的専門家

監査論を学んでみようと思って本書を手にした皆さんは，**「公認会計士」**という言葉を聞いたことがあるでしょう。初めて公認会計士と聞いた時，会社内の経理担当と理解した人，税理士との違いがあまり理解できなかった人が多かったのではないでしょうか。

また，公認会計士という言葉を新聞，雑誌，インターネットなどで目にしたことがあるかもしれません。しかしその場合は，公認会計士の活躍といった良い意味での記事ではありません。おそらくそれは，ライブドア，カネボウ，オリンパスや東芝の事件など，本当は儲かっていないのに，**儲かっているように見せかけた粉飾決算や会計不祥事などに絡んだ公認会計士に対する批判**の報道が多かったと思います。

これらを目にすると，公認会計士は，何か難しくて，責任の重い大変な仕事をしている人かとマイナスのイメージを持つかもしれません。しかしながら，これらの問題や批判は，公認会計士の業務の絶対数からするとごくわずかで，そのほとんどが適切に行われています。

これらの記事が示す隠れた意味は，**職業的専門家としての公認会計士に対する社会における期待**の大きさとも言えます。公認会計士は，その資格を取得した人のみに認められた業務を行うことができる高度に専門性を持った職業的専門家です。

では，公認会計士は「どのような専門的な業務を行うのか？」，そして「どのようにしたら公認会計士になれるのか？」について以下で説明しますので，公認会計士を正しく理解してください。

KEYWORD

粉飾決算――経営者が意図的に会計数値を操作し，利益を過大計上あるいは損失を過小計上することです。その方法には，収益の早期計上や架空計上，費用の未認識や計上の先送り，債務の簿外化などの操作があります。粉飾決算を不正会計と表現する場合もあります。また，会計には経営者の判断が入りますから，粉飾との線引きが難しい場合もあり，不適切会計などと表現する場合もあります。

職業的専門家――日本では医師や弁護士などの国家資格を有し，特定の業務を行うことを唯一認められた専門家のことを指します。したがって，医師以外の者が医療行為，弁護士以外の者が弁護士業務を行うと，法律で罰せられます。公認会計士も監査証明業務を行うことができる唯一の専門家であり，会計や監査に関して，高度な知識を有する専門家です。

2 公認会計士の使命とは何か？

職業的専門家としての公認会計士には，**社会に貢献するという使命**があります。公認会計士について細かく定めた**公認会計士法**には，公認会計士の使命について，以下のように書かれています。

公認会計士法第1条

（公認会計士の使命）

公認会計士は，監査及び会計の専門家として，独立した立場において，財務書類その他の財務に関する情報の信頼性を確保することにより，会社等の公正な事業活動，投資者及び債権者の保護等を図り，もって国民経済の健全な発展に寄与することを使命とする。

公認会計士は，**監査および会計に関わる職業的専門家**として，会社が作成した財務諸表がルールにしたがって正しく作成されているかについて調査して，その信頼性を保証することにより，国民経済の健全な発展に貢献することになります。

会社がその勝手な都合で財務諸表の数値を書き換えたらどうなるでしょうか。私たち投資家などの**ステークホルダー**は，誤った判断をし，多くの損害を被ることになりかねません。公認会計士は，**会社が正しく財務諸表を作成しているかを見張る番人**としての使命を担っているとも言えます。

KEYWORD

財務書類――監査論を勉強する前に会計学を勉強している方は，公認会計士法第1条にある財務書類という言葉は，何を指しているのか理解できるかと思います。一般的には財務諸表（貸借対照表，損益計算書，株主資本等変動計算書およびキャッシュ・フロー計算書，ならびに附属明細表等）のことを指します。財務諸表という言葉は，会社法では計算書類と言いますが，金融商品取引法に基づき提出される財務計算に関する書類のことを財務書類といいます。

ステークホルダー――会社を取り巻く利害関係者のことです。会社には金銭的な関係のある株主，債権者，顧客，従業員などがいますが，それ以外に金銭的には直接関係のない地域住民などの関係者もいます。会社は，さまざまなステークホルダーの存在により成り立っているともいえます。したがって，会社はステークホルダーが正しく判断できるように，多くの情報を提供する必要があります。

【コラム】公認会計士に関する規則

公認会計士に関係する法律などには公認会計士法，公認会計士法施行令，公認会計士法施行規則，日本公認会計士協会会則などがあります。なお，公認会計士について定めた公認会計士法は数度の改正を経て，現在では以下のような内容となっています。

第１章	総則
第２章	公認会計士試験等
第３章	公認会計士の登録
第４章	公認会計士の義務
第５章	公認会計士の責任
第５章の２	監査法人
第５章の３	有限責任監査法人の登録に関する特則
第５章の４	外国監査法人等
第５章の５	審判手続等
第６章	公認会計士・監査審査会
第６章の２	日本公認会計士協会
第７章	雑則
第８章	罰則

本書で公認会計士について大まかに理解でき，さらに公認会計士や監査論について深めたい方は，その条文を確認することも重要です。e-Gov 電子政府の総合窓口のe-Gov 法令検索（http://www.elaws.e-gov.go.jp）では，上記も含め公認会計士に関係する規則が閲覧できます。

【コラム】日本公認会計士協会

日本公認会計士協会とは，日本における公認会計士の団体で，公認会計士法により認められた特別な組織です。日本公認会計士協会は，公認会計士の品位を保持し，監査業務の改善進歩を図るための指導，連絡および監督に関する事務を行い，さらに公認会計士および特定社員の登録に関する事務を行うことを目的としています。

3 公認会計士が行う業務とは何か？

国民経済の健全な発展に寄与する公認会計士の業務としては，**監査**があります。このことは公認会計士法第２条に示されています。

> **公認会計士法第２条**
>
> （公認会計士の業務）
>
> 1　公認会計士は，他人の求めに応じ報酬を得て，財務書類の監査又は証明をすることを業とする。
>
> 2　公認会計士は，前項に規定する業務のほか，公認会計士の名称を用いて，他人の求めに応じ報酬を得て，財務書類の調製をし，財務に関する調査若しくは立案をし，又は財務に関する相談に応ずることを業とすることができる。ただし，他の法律においてその業務を行うことが制限されている事項については，この限りでない。

この規定から，公認会計士の業務は，大きく**監査証明業務**（以下，監査または監査業務とします。）と**非監査証明業務**（以下，非監査業務とします。）に分けられています。公認会計士の業務はボランティアで行われているのではなく，**クライアントである会社からの求めに応じ，報酬を得て行われて**います。その中で財務書類の監査または証明を行う監査業務は公認会計士にのみ認められた独占業務です。

これに対し，非監査業務とは，いわゆる**コンサルティング業務**と言われる領域です。具体的にはビジネス・アドバイザリー，株式公開支援，M&A（会社の買収・合併）のサポートなどがあり，会社の経営の手助けをするために会計・監査の専門的知識を活かした業務です。

なお，財務諸表に保証を与えるためには第三者の立場を保持しなければならないため，**監査業務と非監査業務の両方を同一会社に対して同時に提供することが禁止**されています。これは公認会計士に求められる独立性であり，これについては後で触れることにします。

KEYWORD　監査業務と非監査業務

監査業務――公認会計士法第2条第1項で求められた業務で，公認会計士である監査人は，会社が作成した財務諸表が一般に公正妥当と認められた企業会計の基準に準拠して，企業の財政状態，経営成績及びキャッシュ・フローの状況をすべての重要な点において適正に表示しているか否かを確かめる業務，または財務諸表が特別の利用目的に適合した会計の基準により作成される場合等には，当該財務諸表が会計の基準に準拠して作成されているか否かを確かめる業務です

非監査業務――公認会計士法第2条第2項で認められている業務で，2項業務とも言い，一般にはコンサルティング業務など，会社の求めに応じ，会社の運営を手助けする業務です。

さらに近年，公認会計士としての資格や豊富な会計に関する知識を活かして，**会社内会計士，内部監査人，監査役，会計参与**といった会社内部において活躍する人や会計大学院（アカウンティング・スクール）や大学の実務家教員として活躍する人もいます。

KEYWORD

会計参与――取締役と共同して会社の財務諸表を作成する者です。会計参与になることができるのは，公認会計士，監査法人または税理士，税理士法人のみとなっています。会計の専門家として会計参与が財務諸表の作成に関わることにより，会社，特に中小会社の財務諸表の信頼性が向上するものと期待されています。

内部監査人――会社内に所属する監査人によって実施される内部監査を行う人です。内部監査人は従業員として会社に所属し，会社の会計と業務に関連する監査を担当します。なお，会社の内部統制の一環として経営管理に関わることから，その位置づけが注目されています。

4 公認会計士に求められるもの

公認会計士は，その使命を果たすために職業的専門家としてのいくつかの厳しさが求められています。

皆さんが高価なチケットを購入してプロスポーツの試合を観戦したとき，プロらしからぬプレーを見せられたらどうでしょうか。返金を求める気持ちになると思います。それと同じです。公認会計士にも職業的専門家，プロとしてプレー（業務）を行うために日々の努力や自らに対する厳しさが求められています。

公認会計士法第１条の２

（公認会計士の職責）

公認会計士は，常に品位を保持し，その知識及び技能の修得に努め，独立した立場において公正かつ誠実にその業務を行わなければならない。

このことは，一般に公正妥当と認められる監査の基準（GAASと呼ばれることもあります。）の代表である「監査基準」においても示されています。「監査基準」は，監査の実務の中から慣習として発達したもののなかから一般に公正妥当と認められるものを帰納要約した原則です。公認会計士が職業的専門家として財務諸表監査に当たる場合には，当然遵守するところの内容を定めています。したがって，それが法令等によって強制されなくても，常に遵守する必要があり，それによりすべての公認会計士が，「監査基準」という共通の基準にもとづく公正妥当な監査の実施が可能となり，監査に対する信頼性も高まることになります。

「監査基準」において，監査人の適格性の条件および監査人が業務上守るべき規範を明らかにした一般基準について，監査基準の設定当初の前文により，その設定の意義が示されています。

監査基準の設定について（監査基準の前文）
1956年12月25日

監査は，何人にも容易に行いうる簡単なものではなく，相当の専門的能力と実務上の経験とを備えた監査人にして初めて，有効適切にこれを行うことが可能である。又監査人は何人にも安んじてこれを委せうるものではなく，高度の人格を有し，公正なる判断を下しうる立場にある監査人にして初めて，依頼人は信頼してこれを委任することができるのである。従って，監査人の資格及び条件について基準をもうけることは，監査制度の確立及び維持のために欠くべからざる要件である。

「監査基準」一般基準では，基準の設立当初より現在に至るまで，監査人としてのあるべき姿（人的基準）とそれを満たす必要性について示されています。なお，一般基準における内容は，その時代の状況に応じて，改訂されています。

一般基準には，監査人としての専門的能力の向上と知識の蓄積という努力目標が掲げられるとともに，監査を行うための立場（**独立性**）や姿勢（**正当な注意，懐疑心，守秘義務**）に関する基準のみならず，監査人として業務規範（**品質管理，監査調書の作成と保持**など）が定められています。

監査基準 第2 一般基準（要約）

1．監査人の専門的能力の向上と知識の蓄積
2．監査人の独立性
3．監査人の職業的専門家としての正当な注意と懐疑心
4．不正等に起因する虚偽の表示への対応
5．監査調書の作成と保持
6．監査の質的管理
7．監査実施の指揮命令・職務分担および補助者
8．守秘義務

5 監査人の立場

監査人は，第三者の立場で監査業務を行うことが求められています。会社が作成した財務諸表を会社自らが監査しても，企業外部の者（投資家や課税当局など）は，その財務諸表をそのままを信じることはできないと思います。どこかでごまかしているのではないか，利益操作しているのではないかと，疑う心が出てきます。

それに対し，会社とはまったく利害関係のない第三者が監査を行えばどうでしょうか。**客観的な目で保証を与える**ことで，その情報に対する信頼は高まります。このように，監査業務を行う監査人に対しては，**その会社とは関係がない第三者であることを意味する独立性**が求められています。

監査基準　第2　一般基準2

2　監査人は，監査を行うに当たって，常に公正不偏の態度を保持し，独立の立場を損なう利害や独立の立場に疑いを招く外観を有してはならない。

この基準には２つのことが示されています。１つは**公正不偏性（精神的独立性）**であり，もう１つは**外見的独立性（形式的独立性）**です。

公正不偏性とは，会社との付き合いにおいて馴れ合いになり，毅然《きぜん》とした態度で監査が実施できないことを戒めています。身分的・経済的な立場からさまざまな圧力があろうとも，**強い精神力のもとで監査を実施すること**が求められているのです。

一方，外見的独立性とは，**監査を受ける会社と公認会計士が身分的・経済的に独立していること**を指します。例えば，親の（会社の）監査を（公認会計士である）その子供が担当することはおかしいということです。親子の情からどこかで厳しさの欠ける監査を行っているのではと疑ってしまいます。このように外見的に利害関係にある者が監査を行うことは認められていません。

近年では，独立性をよりよく確保するために，**監査人が同一の会社に対して監査業務と一定の非監査業務を同時に行うことを禁止したり，監査人のローテーション制**により，同一の監査人が特定の会社を長期間にわたって担当することを避けることとされています。また，大会社に対しては，個人の公認会計士が単独で監査を実施することが禁じられています。

KEYWORD

外観的独立性——公認会計士である監査人は，監査を受ける会社（被監査会社）との間に身分的あるいは経済的な利害関係がないことが求められています。具体的には，公認会計士またはその配偶者が被監査会社の役員，それに準ずる者，財務担当責任者，使用人でないことなどがあります。詳細は公認会計士法第24条と公認会計士法施行令第７条に規定されています。

精神的独立性——実質的独立性とも言い，監査の実施にあたって，被監査会社の見解に左右されることなく，常に公正不偏の態度で臨むことを意味しています。外観的独立性と比較して，その内容が抽象的であり，各監査業務の内容からその独立性を個別に分析する必要があります。

ローテーション制——監査人が長年にわたり同一会社の監査を担当することによる癒着《ゆちゃく》を防ぎ，別の新しい目（視点）により監査を担当する機会を創出するために定められたものです。公認会計士法で定められている一例として，一定規模以上の監査法人（金融商品取引法適用会社を100社以上担当する法人）は，５年間での交替とその後５年間の監査担当禁止期間があります。なお，監査法人自身の交替は求められていません。

【コラム】監査報酬

公認会計士は，監査を受ける会社（被監査会社）から，その業務の報酬を受け取ります。つまり，独立の第三者の立場から，批判的に監査を行う相手から報酬を受け取るという一見理解し難い状況があります。

会社は，そもそもその所有者である株主のものであることから，株主に代わって，会社がその報酬を支払っているとの見解もありますが，独立性を脅かす要因の解消につながる説明とはなっていません。

そこで，証券取引所，国家などが監査報酬を負担する見解が紹介されていますが，その結論には至っていません。

6 監査人に求められる業務上の姿勢

監査基準第2　一般基準　3では，監査人の監査業務に対する姿勢について示されています。

監査基準 第2 一般基準3

3　監査人は，職業的専門家としての正当な注意を払い，懐疑心を保持して監査を行わなければならない。

職業的専門家としての**正当な注意**とは，民法第644条「**善良な管理者としての注意義務（善管注意義務）**」から来る概念です。それは，**職業的専門家として当然払うべき注意**であるとともに，職業的専門家に対して期待されている注意とも言えます。つまり，監査人は，他の監査人がその業務を担当したとしても同等の業務結果が得られる水準の監査が常に求められ，不注意や意図的な手抜きに対する監査人の責任が求められています。

懐疑心とは，**職業的専門家として疑いの心を持ってその業務に当たるべきこと**を示しています。監査業務を行う監査人は，監査対象である会社の財務諸表に書かれた内容を鵜呑みにすることなく，監査基準第2　一般基準　4（次頁）に示されているように，常に重要な虚偽の表示が隠されている可能性があるとの認識を持ち，監査対象会社の状況に注意を払いつつ，慎重に業務に当たる必要があります。

監査基準　第2　一般基準4

4　監査人は，財務諸表の利用者に対する不正な報告あるいは資産の流用の隠蔽《いんぺい》を目的とした重要な虚偽の表示が，財務諸表に含まれる可能性を考慮しなければならない。また，違法行為が財務諸表に重要な影響を及ぼす場合があることにも留意しなければならない。

監査人は，監査業務中に多くの内部情報を知り得る立場にあります。監査人は，その**業務上において知り得た秘密を正当な理由なく他に漏らすことや窃用《せつよう》すること**を禁じられています。これらの資料の中には，ライバル会社にとって喉から手が出るほど欲しい情報もあります。また，その情報の利用による株式投資が，**インサイダー取引**になることもあります。

監査基準　第2　一般基準8

8　監査人は，業務上知り得た秘密を正当な理由なく他に漏らし，又は窃用してはならない。

これは職業的専門家である医師が，患者のプライベートな内容を漏らすことと同じであり，**情報を漏らすことにより監査人と会社との信頼関係を崩す**ことになります。会社に多大な損害を与えることとなるだけでなく，監査の実施にも重大な支障を来すことになります。

このため，監査人は，正当な理由（訴訟手続において必要であるなど）がない限り，**監査対象会社の秘密事項を他に漏らしてはいけない**という，**守秘義務**が求められているのです。

KEYWORD

正当な注意――職業的専門家としてその業務遂行にあたって当然払うべき注意であり，その専門家に関わる者からすれば，その注意を払っていれば当然に実施されるべき業務水準への期待とも言えます。

懐疑心――監査人は，被監査会社の財務諸表等の信頼性を保証する業務を行うことから，その業務にあたっては常に財務諸表に重要な虚偽の表示が存在するおそれに注意を払う必要があります。監査人は，常に懐疑心を保持して業務を行うことが求められています。

守秘義務――監査人は，監査の実施過程において会社のさまざまな記録や資料などに接する機会があります。その業務上知った秘密を正当な理由なく，他に漏えい，窃用してはならない義務を負っています。

7 監査人に求められる業務上の規範

監査人は，不正が行われている可能性を考慮しながら，会社に対する監査に携わります。したがって，その**業務に対しては高度な知識と経験**が求められ，その維持，向上が求められています。

また，監査人は，**監査の品質を管理し，問題がないかを確認する**必要があります。

監査基準　第2　一般基準6・7

6　監査人は，自らの組織として，全ての監査が一般に公正妥当と認められる監査の基準に準拠して適切に実施されるために必要な質の管理（以下「品質管理」という。）の方針と手続を定め，これらに従って監査が実施されていることを確かめなければならない。
7　監査人は，監査を行うに当たって，品質管理の方針と手続に従い，指揮命令の系統及び職務の分担を明らかにし，また，当該監査に従事する補助者に対しては適切な指示，指導及び監督を行わなければならない。

監査の品質管理については，公認会計士が実施した業務の品質を第三者がチェックする**品質管理レビュー**があります。この制度は平成11（1999）年に日本公認会計士協会の自主規制として始まり，レビューの結果から，業務の改善勧告を行うものでした。

日本公認会計士協会が行うこの制度は，同じ仲間である公認会計士がチェックします（これは「**ピア・レビュー**」と呼ばれています。）。このため，その効果に対する疑問の声があり，依然として発生する監査の品質上の問題と呼応して，品質管理のあり方が改めて問われました。

そこで平成16（2004）年に**金融庁公認会計士・監査審査会**が設立され，日本公認会計士協会が実施した品質管理レビューに対し，審査，検査を行い，社会からより高い信頼を得られる仕組みへと変更されました。

監査基準 第2 一般基準5

5　監査人は，監査計画及びこれに基づき実施した監査の内容並びに判断の過程及び結果を記録し，監査調書として保存しなければならない。

監査人は監査業務の実施にあたり，その計画から実施に至るまでの判断，結果を記録した監査調書を作成する必要があります。監査調書は，監査の効率的な実施，監査補助者への指示，指導などの手段となります。また，監査人の責任が問われる事態になったときには，**監査人が実施した業務内容を証明する証拠**となるものです。

KEYWORD

公認会計士・監査審査会――公認会計士・監査審査会は平成16（2004）年に公認会計士法に基づき金融庁に設立された行政機関です。その業務は，⑴「品質管理レビュー」に対する審査及び検査，⑵公認会計士試験の実施，⑶公認会計士等に対する懲戒処分等の調査審議および⑷諸外国の関係機関との連携・協力の4つです。

監査調書――監査人が，監査の計画から実施に至るまで，その判断から結果までを記録した書類です。監査調書は，監査の効率的な実施と管理のための資料，監査責任者が監査補助者に対して行う指示，指導などの手段として作成されます。

品質管理レビュー――公認会計士または監査法人が行った監査を他の監査人などの第三者がチェックすることです。このチェックで，監査の品質を維持，向上させる狙いがあります。

8 監査人に求められる倫理

監査人としての公認会計士は，会計・監査に関する職業的専門家として社会の健全な発展に寄与するという使命を果たすために，その専門能力に基づき誠実かつ公正に業務を行う必要があります。このとき，公認会計士は，自らの行為を律する**厳格な職業倫理にしたがって行動すること**が求められています。

公認会計士に対しては日本公認会計士協会により**倫理規則**が定められています。この倫理規則は，倫理規則注解，「独立性に関する指針」，「利益相反に関する指針」および「違法行為に関する指針」と一体となって理解することが求められています。公認会計士には，それを遵守するだけではなく，そこに規定されていない事項については，その規則の趣旨にしたがって確固たる信頼を得られるような行動をとることが求められています。

倫理規則は，その第１章に，会員が遵守しなければならない基本原則および基本原則を遵守するために適用しなければならない概念的枠組みが規定されています。第２章および第３章では，基本原則の遵守を阻害する要因とその対処について，「会計事務所等所属の会員」と「企業等所属の会員」に分けて規定されています。これは，監査業務を行う公認会計士と企業内会計士として企業に所属する公認会計士では，その業務内容が大きく異なっているためです。公認会計士は，会計事務所等に所属する場合か，企業等に所属するかに関わらず，その専門業務を遂行する際には，基本原則（**誠実性，公正性，職業専門家としての能力及び正当な注意，守秘義務，および職業的専門家としての行動**）の遵守が求められています。

の人事の最新課題 2022/5発売

的資本・健康経営・メタヴァース・リベラルアーツ － 6866-0

激しい経営と人事の最新課題を、採用やマネジメントの新手法から
本文化や現代哲学に至るまで、８つの視点から解説。

団法人　人間能力開発機構 著　A5判並製 184頁 2,200円

ケーススタディでわかる 2022/8発売

ント賃料増減額請求の手引き 6872-1

ト物件の賃料増減額事件における任意交渉から法的手続き、
後の処理までの実務を整理。新人弁護士、不動産事業者向け。

秀一・奥原 靖裕 著　A5判並製 216頁 2,640円

で受かる！ 2022/7発売

政書士試験　最短合格術〔増補改訂版〕 6875-2

入試を「独学」で攻略した著者が立案する、法律知識ゼロからの
合格戦略！「試験後の対応」を追補した好評書の増補改訂版。

田 誠貴 著／竹内　豊 監修　四六判並製 244頁 1,870円

務直結シリーズ

政書士のための **銀行の相続手続 実務家養成講座**

委任状の記載例、銀行へ届ける書類等、実際に使用する「現物資料」
大量に収録！　銀行窓口での手続のすべてを解説する。

竹内　豊 著

2022/3発売　6848-6　A5判並製 436頁 3,740円

行政書士のための **産廃業 実務家養成講座**

産業廃棄物の現状、行政の考え方から、収集運搬業許可の実務手順、
依頼者への対応に至るまで、初心者がつまずくポイントを丁寧に解説。

北條　健 著／竹内　豊・菊池 浩一 監修

2022/4発売　6809-7　A5判並製 308頁 3,300円

租税法の潮流シリーズ〔全四巻〕

中里　実 著

租税法の潮流〔第一巻〕 － 課税問題の変遷 －

1970年代以降の租税法の変遷が、発表した小論や講演録を辿ることで浮かび上がる。当時の著者の関心を映す同時代レポート。

2021/4発売　6775-5　A5判並製 516頁 4,950円

租税法の潮流〔第二巻〕 － 金融取引の課税 －

新たな金融取引に対する租税政策の議論がどのように展開されてきたのかを追うことができる。テーマとして一貫性の高い第二巻。

2021/10発売　6810-3　A5判並製 444頁 4,950円

租税法の潮流〔第三巻〕 － 所得課税の争点 －

法人税や地方税ほか、現在の税制改革につながる問題点を提起したもの、理論を重視したものなど、当時の議論を見つめ直す第三巻。

2022/3発売　6863-9　A5判並製 496頁 4,950円

租税法の潮流〔第四巻〕 － 税制改革の背景 －

その時々の税制改革の多様なテーマについて、租税法の解釈論のみならず立法論へも踏み込んだその背景を整理する第四巻。

2022/8発売　6868-4　A5判並製 416頁 4,950円

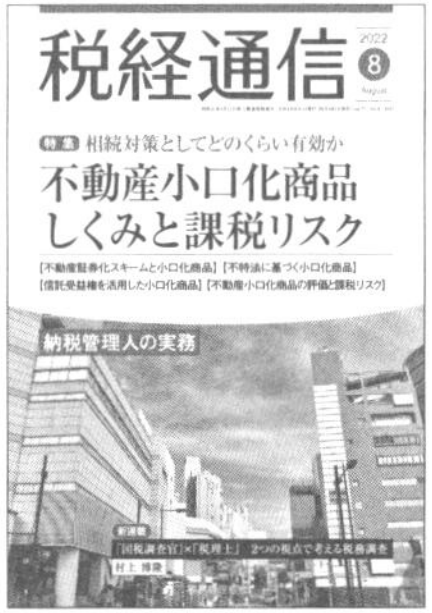

月刊

税経通信

［毎月10日発売］

情報を読み解くための多様な視座を提供する

1946年創刊。旬な問題を的確に捉え、各分野の専門家による税務実務と税務会計戦略の解説を掲載する専門雑誌。

標準定価　2,970円

年間購読料 36,000円（臨時号も付いてお得）

※　デジタル版も好評配信中（kindle, 他）

〒161-0033　東京都新宿区下落合2-5-13　http://www.zeikei.co.jp
TEL 03-3953-3325 ／ FAX 03-3565-3391

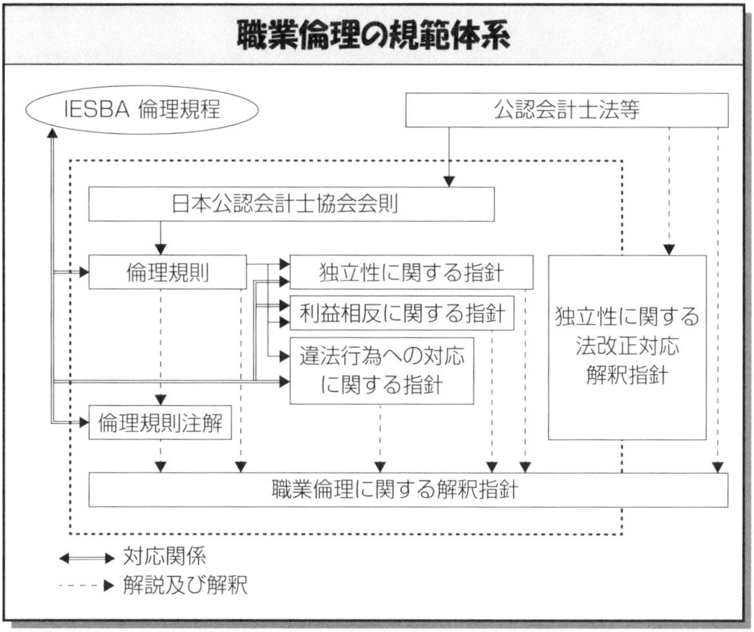

出所）日本公認会計士協会「倫理規則」別表

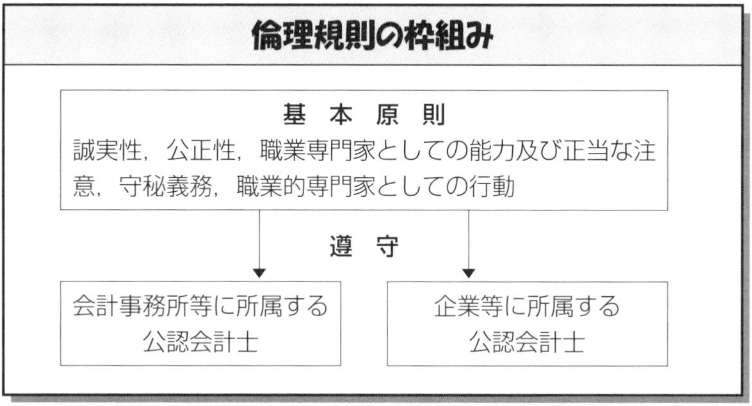

公認会計士は，専門業務の遂行に当たり，基本原則の遵守の障害となる阻害要因（自己利益，自己レビュー，擁護，馴れ合いおよび不当なプレッ

シャーを受ける脅威）を常に認識し，それを評価し，それに対して措置を講ずる必要があることが定められています。

基本原則の遵守を阻害する要因	
自己利益	金銭的その他の利害を有していることにより，公認会計士の判断または行動に不当な影響を与える可能性があること
自己レビュー	公認会計士が，専門業務を行うに当たって，自身または自身が所属する会計事務所等もしくは所属する組織の他の者が過去に行った判断，または提供した業務の結果に依拠し，それらを適切に評価しない可能性が生じること
擁護	公認会計士が，専門業務の実施上，その客観性が損なわれるほど，依頼人または所属する組織の立場を擁護すること
馴れ合い	公認会計士が，依頼人または雇用主と長期または密接な関係をもち，公認会計士がそれらの者の利益に過度にとらわれること，もしくはそれらの者の業務を安易に受け入れること
不当なプレッシャーを受ける脅威	現実に生じているプレッシャーまたは潜在的なプレッシャーにより，公認会計士が不当な影響を受け，公正に行動できなくなること

出所）日本公認会計士協会「倫理規則注解」

KEYWORD

倫理規則――公認会計士がその社会的役割を自覚し，自らを律し，社会の期待に応えるために，日本公認会計士協会が定めたものです。それは，公認会計士が，その使命と行動規準の重要性を自覚し，専門分野に研鑽，教養を深め，正当な注意と適切な判断によって業務を行い，監査にあっては独立の立場を堅持し，確固たる社会的信頼が得られるように行動することを規定しています。

倫理規則の構成	
倫理規則の趣旨及び精神	
職業倫理の規範体系について	
第１章 総　則	第１条　目的　　　第２条　基本原則の遵守 第３条　基本原則１　誠実性の原則 第４条　基本原則２　公正性の原則 第５条　基本原則３　職業的専門家としての能力及び正当な注意の原則 第６条　基本原則４　守秘義務の原則 第７条　基本原則５　職業的専門家としての行動の原則 第８条　概念的枠組みアプローチ 第９条　基本原則間の相反する状況又は関係の解消 第９条の２　監査役等とのコミュニケーション
第２章 会計事務所等所属の会員を対象とする規則	第10条　基本原則の遵守 第11条　概念的枠組みアプローチの適用 第12条　専門業務の公正性　　第13条　独立性 第14条　新規の依頼人との契約 第15条　新規の専門業務の契約の締結 第16条　現任会員（前任会員である場合を含む）との交代 第17条　現任会員の専門業務の補完的又は追加的な専門業務の契約の締結 第18条　共同業務　　第19条　依頼人との利益相反 第19条の２　違法行為への対応 第20条　セカンド・オピニオン　　第21条　報酬の水準 第22条　成功報酬　　第23条　紹介手数料 第24条　会員相互間の行為　　第25条　広告 第26条　贈答・接待　　第27条　依頼人の資産の保管 第28条　品質の保持　　第29条　名義貸しの禁止 第30条　将来の事象に対する結論の表明
第３章 企業等所属の会員を対象とする規則	第32条　基本原則の遵守 第33条　概念的枠組みアプローチの適用 第34条　会員相互間の行為　　第35条　利益相反 第36条　情報の作成及び提供 第37条　基本原則に違反するプレッシャー 第38条　専門的知識及び経験 第39条　財務報告及び意思決定に連動する報酬やインセンティブを含む金銭的利害 第40条　情報の改竄及び業務上知り得た情報の利用 第41条　勧誘の受入れ 第42条　勧誘の申出　　第43条　違法行為への対応
定　義	

注）　第31条は2019年７月22日の改正で削除されている。

9 監査人の責任

監査業務は，職業的専門家である公認会計士だけが実施を認められているものです。公認会計士である監査人は職業的専門家として監査業務を行うに当たり，**故意に虚偽の証明を行った場合や正当な注意を払わなかった場合**に，民事責任，刑事責任，行政処分の責任が問われることになります。その流れを示したのが次の図です。

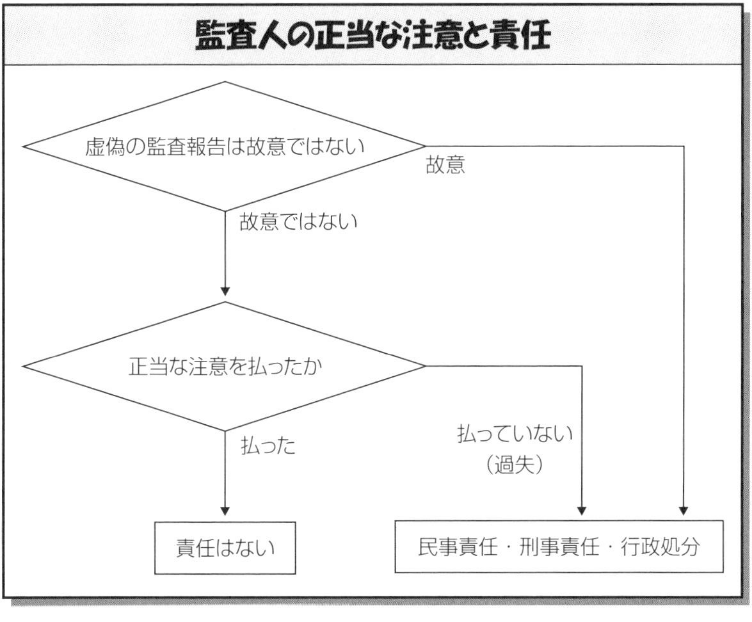

監査人の正当な注意と責任

民事責任としては，監査を行っている会社の有価証券取得者に対し虚偽記載により生じた損害賠償責任が問われます。**刑事責任**としては，10年以下の懲役《ちょうえき》または1,000万円以下の罰金などの責任が問われます。

行政処分としては，虚偽証明した有価証券報告書等を内閣総理大臣が受理しないなどの処分があります。

公認会計士法では，**公認会計士に対する懲戒《ちょうかい》**処分として，①**戒告《かいこく》**，②２年以内の**業務停止**，および③**登録の抹消**を，**監査法人**に対しては，①**戒告**，②業務管理体制の**改善命令**および③２年以内の**業務の全部または一部の停止**，および④**解散**を定めています。

【コラム】監査人の責任

監査人は，自身が行った監査の結果を示す監査報告書において，自身の責任について表明しています（詳しくはChapter 7を見てください）。監査人は，監査報告書において「監査人の責任は，監査人が実施した監査に基づいて，全体としての連結財務諸表に不正又は誤謬による重要な虚偽表示がないかどうかについて合理的な保証を得て，監査報告書において独立の立場から連結財務諸表に対する意見を表明することにある。…」と記載し，監査人としての監査実施の責任を示しています（財務諸表の作成責任は経営者にあるという二重責任の原則を示しています）。したがって，監査は，監査人が責任をもって実施したことを示しているため，監査報告書において表明された意見が虚偽の証明ならば，社会に与える影響から，現在のような民事責任，刑事責任および行政処分が求められています。なお，社会に与える影響から，罰金も以前と比べ高額になってきています。

10 公認会計士になるには

職業的専門家としての公認会計士に対しては，会計・監査に関する高度な知識と経験が求められています。このため，容易にその資格を取得できるものではなく，公認会計士試験は難関の国家試験の１つにあげられています。

公認会計士の資格を取得するためには，金融庁の**公認会計士・監査審査会が実施する国家試験に合格**する必要があります。現在の試験制度は，平成18（2006）年に始まったものです。受験に当たって，その**受験資格に制限はなく**，学生，社会人など多様な人々が挑戦できる制度となっています。

公認会計士の資格取得のプロセス

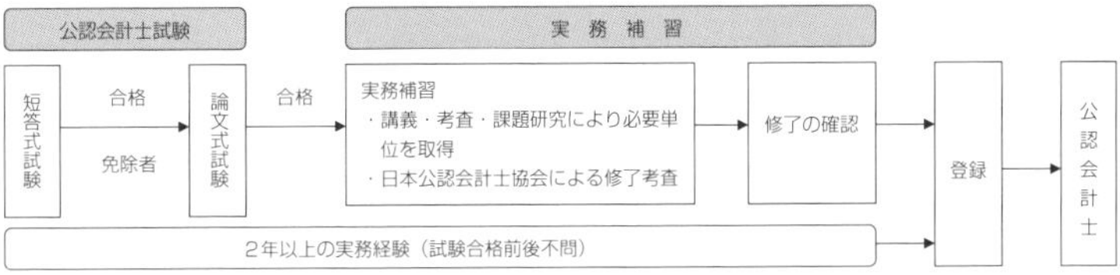

実務経験（業務補助または実務従事）の期間が２年以上であり，かつ，日本公認会計士協会による修了考査に合格し，内閣総理大臣の確認を受けた者は公認会計士となる資格を有し，公認会計士及び税理士の登録をすることができます。

（参考）

税理士の資格を取得するためには，原則として税理士試験に合格する必要があります（公認会計士は，例外的に登録だけで税理士業務を行うことができます。）。税理士試験は，簿記論および財務諸表論の会計科目と，法人税法，所得税法，消費税法などの税法科目からなっています。会計２科目と税法科目のうちから３科目に合格し，一定期間の実務経験を経た者が税理士として登録することができます。

試験時間と配点

	試験科目	試験時間	問題数	配点
短答式試験	財務会計論	120分	40問以内	200点
	管理会計論	60分	20問以内	100点
	監査論	60分	20問以内	100点
	企業法	60分	20問以内	100点
論文式試験	会計学 （財務会計論・管理会計論）	300分	大問５問	300点
	監査論	120分	大問２問	100点
	企業法	120分	大問２問	100点
	租税法	120分	大問２問	100点
	選択科目	120分	大問２問	100点

注）選択科目は経営学，経済学，民法，統計学より一科目選択します。

公認会計士試験は，**短答式試験**と**論文式試験**からなっています。短答式試験の合格者または免除者が論文式試験を受験することができます。短答式試験の合格者は，２年間その合格が有効となります。また，論文式試験の一部科目合格についても，２年間の合格の有効期間が設けられています。

短答式試験および論文式試験に合格した者は，実務補習機関が実施する実務補習を受講します。実務補修修了者で，２年以上の実務を経験している者は，日本公認会計士協会による修了考査を受け，内閣総理大臣がその修了を確認することにより，公認会計士と認められることになります。そして，公認会計士として登録し，業務を行うことになります。実務補修については，一般財団法人会計教育研修機構，修了考査については，日本公認会計士協会のWebサイトに詳細が掲載されています。

公認会計士試験には，試験免除制度があります。

会計専門職大学院（「アカウンティング・スクール」とも呼ばれています。）において，一定の要件を満たした修了者は，短答式試験における財務会計論，管理会計論および監査論の３科目が免除されます。

税理士および税理士試験における財務諸表論と簿記の合格者や会社法上の大会社（資本金５億円以上または負債総額200億円以上の株式会社）で監査または会計に関する一定の業務を７年以上従事していた人は，財務会計論が免除されます。

会計や監査などの専門領域での博士号取得や准教授以上の経歴が５年以上ある者，司法試験や不動産鑑定士試験の合格者は，論文式試験においてもその専門領域の科目が免除されます。

現行の試験制度は，社会人を含めた多様な人々が受験できるように，その免除制度を充実させています。免除の詳細については，公認会計士・監査審査会のWebサイトに公表されています。

【コラム】会計専門職大学院（アカウンティング・スクール）

会計分野の職業的専門家を育成する専門職大学院です。その特色は，実務家を育成することに主眼を置き，ケース・スタディや英文会計，会計士としての倫理に関する科目を開講しているところにあります。大学教員のみならず，公認会計士の資格を有する実務家教員もその教育に当たっています。一定条件を満たして修了した者は，公認会計士試験のうち短答式試験の一部科目が免除となります。

11 公認会計士の現状

日本における公認会計士の現状は，英米と比較すれば，人手不足の状態と言えます。2006年より始まった新たな試験制度による受験のしやすさに加え，経済（景気）状況の悪化から資格を重視する傾向が強まり，公認会計士の志望者が2010年までは増えました。しかしながら，2007年～2008年の多くの合格者の輩出により，公認会計士に合格しても就職ができない状況が生じました。その影響などから受験者数が減少する傾向にありましたが，2016年以降は増加傾向にあります。

公認会計試験受験者，合格者，合格率

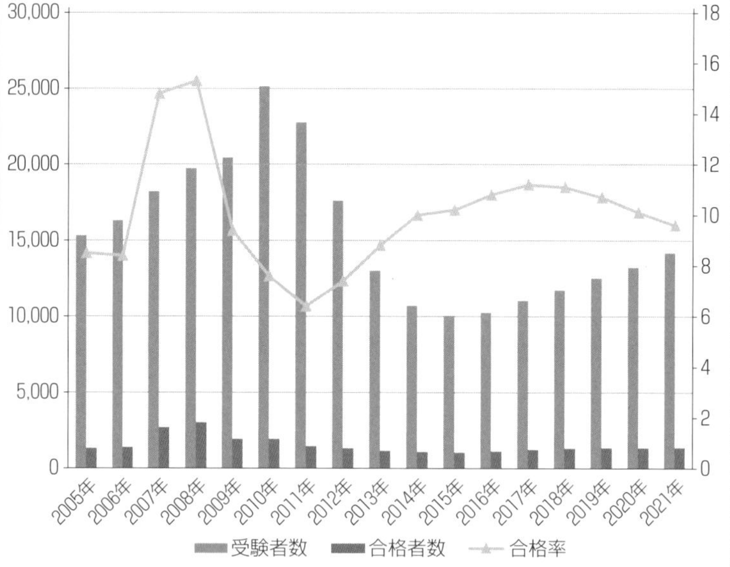

注）2005年は旧制度の２次試験の受験者，合格者，合格率を示している。
2006年以降は新制度による合格率で，旧第２次試験合格者等を除く。
出所）日本公認会計士協会広報誌「FOR OUR FUTURE」より作成。

公認会計士の監査業務は，**営利会社のみならず多くの組織に対して実施**されており，その要求も高まっています。監査以外の業務としてコンサルティング業務や**会社内会計士**または**会計参与**など，公認会計士の業務は拡がっています。社会においてなくてはならない存在であり，今後も**公認会計士の役割と期待は拡大する**ことでしょう。

日本公認会計士協会会員数の推移

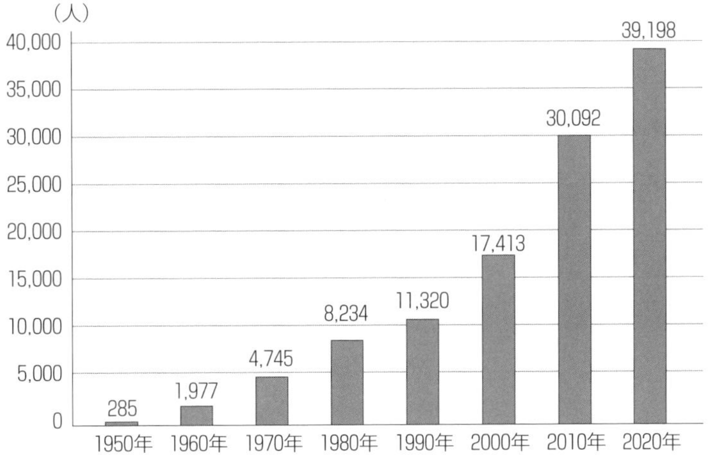

注）会員数とは，公認会計士（準会員を含む），外国公認会計士，監査法人の総数

出所）日本公認会計士広報誌「CPA & JICPA（2021年度版）」より

【コラム】 わが国における職業的会計人の歴史

日本における職業的会計人は，昭和２（1927）年の計理士法により一定の資格を有する人が当時の商工省に登録することによって検査，調査，証明，計算などの業務を行うことができる「計理士」に始まります。

その後，戦後の証券市場の発展とその法制度の確立により，計理士では監査の実施に対応が困難になったため，昭和23（1948）年に公認会計士法の制定により，初めて公認会計士制度がスタートしました。

12　監査法人とは？

公認会計士試験に合格し，２年以上の実務経験および実務補習を満たし，日本公認会計士協会が実施する修了考査を修了し，登録を終えた人は，いよいよ公認会計士として社会で活躍することになります。

では，公認会計士が活躍する場はどこでしょうか。

皆さんは「○○会計事務所」や「○○監査法人」という看板を街で目にしたことがあるかも知れません。この**会計事務所や監査法人が，公認会計士が主として活躍する場所**です。

公認会計士の登録者の多くは，まず**監査法人に就職**します。日本には，**200を超える監査法人**があり，ビッグ３などと称される公認会計士が3,000名を超える大規模監査法人から，少人数で運営される中小の監査法人まであります。

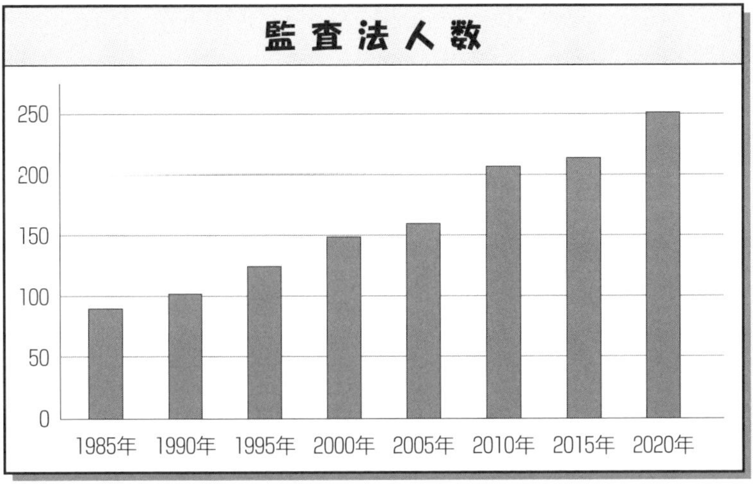

監査法人数

監査法人制度は，昭和41（1966）年に設けられたものです。戦後の高度経済成長に伴って，会社の大規模化，多様化が進み，個人の公認会計士による監査に限界が生じてきました。これに対応し，**組織的な監査を実施する**ために設けられたのが監査法人制度です。

監査法人は職業的専門家である公認会計士が集まる組織体であるため，株式会社のような会社とは異なり，その設立から業務内容までさまざまな規制があります。

13 監査法人の特徴

監査法人の設立は，公認会計士５名以上と公認会計士以外の者の出資，定款の策定の上，届け出によって設立できることになっています（**届出制**）。株式会社のように，市場を介して不特定多数の者から出資を受けることは想定されていません。

監査法人制度は当初，５名以上の公認会計士による共同事務所のような，人と人とのつながりの深い組織体として想定されていました。そのため，監査法人のすべての社員（構成員）が，すべての業務を行う権利を持ち，それに対する義務をも負う**無限責任監査法人**が前提とされていました。

監査法人の特徴	
設　　立	公認会計士５名以上と公認会計士以外の者により設立（届出制）
形　　態	無限責任監査法人と有限責任監査法人
社　　員	社員，指定社員，特定社員（公認会計士である社員のみが，監査法人を代表する）
社員の権利・義務	監査業務（公認会計士である社員のみが業務執行の権利を有し，義務を負う） 監査業務以外（すべての社員がその執行の権利を有し，義務を負う）
業　　務	監査業務，非監査業務，公認会計士試験に合格した者に対する実務補習
情報開示	計算書類の開示と外部監査の実施（一定規模以上の有限責任監査法人）

ところが，監査業務の対象である株式会社の大規模化とともに，監査を実施する監査法人においても，**合併などによる大規模化**が進み，社員数が3,000名を超えるなど，当初想定していた社員間の相互監視制度などの共同経営が成り立たなくなってきました。それと同時に，社員全員が無限責任社員であるため，まったく面識のない社員の責任をも分担するという事態も生じました。

そこで監査法人は，**特定の監査証明業務を担当する社員**（監査報告書に署名捺印する社員）**を指定**でき，**指定された社員のみが業務を執行**し，義務を負う**指定社員制度**や，**有限責任監査法人制度**の導入により，出資金の範囲での責任を負う社員制度も認められるようになりました。

また，監査法人の業務は，監査業務はもとより，日本公認会計士協会の登録を受けた**公認会計士以外のIT，経営，内部統制等の専門家である特定社員**が，公認会計士とともに業務を行う非監査業務，さらには公認会計士試験制度に関わる実務補習などを行うことになっています。

監査法人に対しては，会社の会計情報を監査する立場にありながら，**監査法人自身の経営内容の透明性が低い**ことに対する批判がありました。現在では，**被監査会社の有価証券報告書において，監査報酬が開示**されるようになっています。また，有限責任監査法人の中で収益10億円以上の監査法人に対しては，**法人の計算書類の開示と他の監査法人による監査**を受けることが求められるようになっています。

KEYWORD

有限責任監査法人――監査法人の社員の全員が有限責任となるものです。有限責任監査法人の社員の半数以上は公認会計士であり，監査法人の名称に有限責任であることを示す必要があります。

【コラム】 監査法人の社員と会社員

皆さんの中には，監査法人の社員と聞くと，一般的に言われる会社員と同じものとイメージする人もいるかもしれません。しかし実際のところ，監査法人の社員と会社の社員ではまったくその立場は異なります。監査法人の社員は出資者で監査法人の運営に関与する人です。したがって，一般の会社でいうところの出資者ではありませんが，取締役のような立場の人に当たります。同じ社員でも，組織体によりその位置づけが変わるということです。

14 専門的能力を維持するには～継続的専門研修制度

公認会計士は，その登録後，職業的専門家として会計や監査を取り巻く環境の変化や規則の変更など**最新の事情について常に最新の情報と知識を有し，その能力を維持**する必要があります。そのことは監査基準第２　一般基準　１においても定められています。

監査基準 第2 一般基準1
1　監査人は，職業的専門家として，その専門能力の向上と実務経験等から得られる知識の蓄積に常に努めなければならない。

公認会計士としての専門的知識と能力の維持のために，**継続的専門研修制度**（Continuing Professional Education：CPE制度）が会員の義務として設けられています。この研修制度には，公認会計士が備えておくべき能力である「職業倫理」，「専門的知識」および「専門的技術」について「倫理等」，「会計」，「監査」，「税務」，「コンサルティング」，「組織環境」および「スキル」の分野にカリキュラムを分類し，①集合研修，②e ラーニングによる自己学習，③委員会等への出席，④答申等執筆によって，当該事業年度を含む直前３事業年度で合計120単位以上のCPE単位を履修する必要があります。

KEYWORD

継続的専門研修制度（CPE制度）――日本公認会計士協会がその会員（公認会計士）に対し，その資質の維持・向上および監査環境等の変化への対応を支援するために義務づけられた研修制度です。この制度は，職業専門家として，その専門能力の向上と実務経験等から得られる知識の蓄積を求めた監査基準の求めに応じた制度でもあります。

また，**「職業倫理に関する研修」**，**「税務に関する研修」**および**「監査の品質及び不正リスク対応に関する研修」**（内２単位以上は不正事例研究に該当する研修を履修する必要があります）については必須研修項目，スキル分野は１事業年度に10単位を上限とするなどの履修の条件が付けられています。

なお，直前３事業年度で合計120単位以上の履修などの義務を履行できなかった者に対しては，氏名等の公示，会員権の停止および金融庁長官への行政処分請求等の懲戒，監査業務の辞退勧告等の措置がとられる場合があります。

この研修制度は，公認会計士に対し，昨今の粉飾決算などその方法の複雑性などに対応するために，より高度な専門能力を常に維持することを求め，社会への影響を未然に防ぐとともに，**公認会計士自身を守るためにも重要な制度**です。

CHAPTER 4

監査はなぜ必要なの？

1　監査が必要とされる条件

2　監査に求められる役割

3　監査に求められる機能を経済学的に分析すると

公認会計士，監査法人がどのような人（組織）であり，そしてそれらが行う監査業務がどのようなものであるかは理解できたと思います。

それでは次に，**なぜ，監査が必要になってきたのか**を考えてみましょう。

監査は，独立の職業的専門家である公認会計士による財務諸表の保証のために必要だと，監査の意義から説明する人もいるかと思います。では，**なぜ財務諸表の信頼性を保証する必要がある**のでしょうか。

監査は，自然発生的に出てきたものではなく，何らかの必要に迫られて生じ，そしてそれが制度として根付いたものと理解することが自然です。

そこで本章では，財務諸表の信頼性を保証する監査が必要となった理由を検討していきたいと思います。

なお，本章は多少理論的な部分が多いため，理解が困難な方は先に後の章を読み進め，監査というものをより身近に感じ，理解できてから再度読んでいただいても結構です。

【コラム】 監査の始まり

監査という用語は，会計情報や財務諸表を対象とした監査（会計監査，財務諸表監査）が展開する以前から使用されています。監査，“audit”の本来の意味である「聴く」や「再び見る」という意味からもその対象を会計情報などに限るものではなかったと言えます。

広い意味での監査の起源は，紀元前4000年頃のバビロニア（現在のイラク付近）において行われた税徴収の記録に対する監査が初めと言われています。この当時，税を納める者（市民）と税を集める者（国王）との間には，そもそも利害の対立がありました。市民は，できる限り税を納めたくありません。それに対して国王は，より多くの税を集め，国家運営に使用したいと思っています（もちろん，私腹を肥《こ》やそうと思っていた国王がいたかもしれません）。したがって，市民にとっては，自身の生活に影響を及ぼす税は，大きな関心事でありました。

また，市民は，国王の税徴収に対し，その中身を細かく知ることはできません。現在の私たちの身の回りでも，国や地方公共団体の中身をすべて知ることは不可能です。したがって，その使い道の妥当性をすべて理解し，確認する手だてを持っていません。ここに，市民と国王の間に入り，税徴収や国王の税の使用の妥当性を確認し，その結果を伝える監査が必要となってくるのです。なお，この当時，文書記録などは稚《ち》拙《せつ》なものであり，その中心は口頭による報告を監査を担当する者が聴くことにありました。

これに対し，本書の目的である会計情報や財務諸表を対象とした監査の始まりは，簿記で習った複式簿記の発展に拠るところがあります。その発展は，15世紀に最初の複式簿記書として出されたパチョーリ（Luca Pacioli）の「スンマ（Summa）」に始まり，複式簿記が多くの国に広まりました。また，17世紀の会社組織の発展，特に株式会社制度の発展は，多くのステークホルダーの登場をもたらし，その情報要求と合わさって，会計情報や財務諸表に対する監査が発展していきました。

1　監査が必要とされる条件

会社は公認会計士や監査法人に監査報酬を払って監査を受けています。**なぜ，報酬を支払ってまで監査を受ける必要**があるのでしょうか。

会社は，様々なステークホルダー（**株主，債権者，取引先，従業員など会社を取り巻く利害関係者**）の存在なしには成り立たないものです。設備投資を行うための資金確保，新たな工場を建設するために建設予定地周辺の地域住民の理解など，その運営には**必ずステークホルダーが関わって**います。

例えば，資金提供を行ったステークホルダーは提供した資金の利用の妥当性，利子やその返済の確実性などを確認する情報が必要となります。

しかし，ステークホルダーは，**会社に拠出したお金が正しく使われているかどうかなどの情報に直接接近することができません。**また，仮に接近できたとしても，その情報の中身は複雑すぎて，会計に関する高度な知識がなければ理解できるものでもありません。

このように，会社を取り巻くステークホルダーと会社との間には，**情報の非対称性**，すなわち**情報格差**があります。会社は多くの複雑な情報を保有しています。ステークホルダーはその情報を入手できたとしても，その正しさを確かめることができません。

そこで，ステークホルダーは，第三者である公認会計士または監査法人に監査を求め，**独立の立場から会社情報の正しさを保証してもらう**わけです。

ステークホルダーが監査を必要とする条件には４つ（**利害の対立，重要性，情報の複雑性および遠隔性**）があります。

これらの４つの条件のうち，利害の対立の解消のために監査が求められることが一番重要な条件であることは言うまでもありません。

監査が必要となる条件	
利害の対立	ステークホルダーと会社との間では利害が対立しており，会社の作成する情報には偏見に基づく可能性があり，その疑念を払拭《ふっしょく》するためにも監査が必要です。
重要性	ステークホルダーは，会社が作成する情報をもとに意思決定を行います。その情報が虚偽《きょぎ》である場合には，その影響は大きいものです。意思決定にとって重要な情報に対し，情報の質の確保のためにも監査が必要です。
情報の複雑性	ステークホルダーは，会社が作成する情報の質を直接確かめることが難しい状況にあります。不正の介入を見抜くことが困難であるとも言えます。そこに高度な専門的な知識を有する監査人の監査が必要となります。
遠隔性	国際化に伴い，ステークホルダーも世界各国にいます。距離的な条件から，直接に情報を確かめることができない場合もあります。仮に近くであったとしても閉鎖的な会社であれば，その存在は遠いものであるかもしれません。そのような遠隔性を縮める必要から監査が必要とされています。

KEYWORD

情報の非対称性（情報格差）――会社はステークホルダーと比べると，高度な知識を有していなければ理解できない多くの情報を有しています。そのような情報保有の優位，劣位を示すものとして，情報の非対称性（情報格差）があります。

以前，医師のカルテは，患者に理解できないような言葉で書かれ，それが開示されない状況がありました。これも情報の非対称性（情報格差）に該当します。それに対し，医師の不正や医療事故が契機となり，電子カルテなどによる開示や表記方法の変更が行われ，格差をなくす傾向にあります。

会社の情報もこれと同様に，ステークホルダーに対し情報を開示し，その情報の質の理解（確保）ができるためにも監査の役割が重要となります。

2 監査に求められる役割

財務諸表監査が必要とされる４つの条件は，理解できたと思います。この４つの条件を満たすために監査が実施されます。

では，監査にはどのような役割，機能があるのでしょうか。

監査の役割には，**批判的機能**と**指導的機能**があります。

批判的機能とは，財務諸表が会社の財政状態，経営成績およびキャッシュ・フローの状況について，一般に公正妥当と認められる会計基準に準拠して作成されているかどうかという**GAAP準拠性を，職業的専門家としての正当な注意を払いながら確かめる**財務諸表監査本来の機能です。

指導的機能とは，職業的専門家として**財務諸表の監査を行う上で気付いた不備などを指摘するアドバイス**のようなものです。監査人は，財務諸表の表示や会計処理方法に関する不備などについて経営者に修正を求め，適正な財務諸表に導こうとします。

もちろん，修正に関しては財務諸表の作成責任者である経営者自身の裁量の範囲内にあるため，その**アドバイスを受け入れるかどうかは経営者の判断**となります。監査人の指導を経営者が受け入れた場合には財務諸表の信頼性は保証されることになりますが，拒否された場合には監査意見に何らかの影響が及ぶ（**限定付適正意見，不適正意見など**）場合もあります。

指導的機能は，**財務諸表の作成責任は経営者にあり，監査人は財務諸**

表を監査する責任があるという「**二重責任の原則**」に抵触《ていしょく》するおそれがあることから，財務諸表監査の本来の機能とは言えず，**あくまで副次的な機能**とも言えます。

監査人自らが情報をステークホルダーに提供する**情報提供機能**も考えられます。これは，経営者が一次認識した情報の信頼性を監査人が保証する批判的機能に対し，経営者に代わって情報を一次認識し，その情報を監査人自らが提供するものです。これは明らかに，二重責任の原則に抵触することから，この機能を監査に求めることには問題が多いものと言えます。

KEYWORD

二重責任の原則——これは，財務諸表の作成に対する経営者の責任と当該財務諸表の適正表示に関する意見表明に関する監査人の責任との区別を指します。会計，監査について，詳しく知らない人は，公認会計士の仕事を財務諸表の作成と誤って理解し，会社の情報をより多く作成，開示するよう求める場合があります。会社内会計士などを除けば，監査人の責任は会社（経営者）が作成した財務諸表に対して，適正に作成されているかどうかの意見を表明することなのです。

情報提供機能——監査人は会社の情報をより多く知り得る立場にあります。したがって，監査人は，ステークホルダーにとって役に立つ情報であるならば，会社（経営者）が開示していない情報であっても，開示すべきであるとする考え方です。これは，二重責任の原則との関係で議論の多いものです。

監査報告書には，監査プロセスの透明性を向上させるために，監査人が財務諸表監査において特に重要であると判断した事項である「監査上の主要な検討事項（Key Audit Matters：KAM）やステークホルダーの意思決定に役立つ説明を監査人が追記情報として記載する「その他の事項」があります（詳細はChapter 7を参照してください）。これらは監査人による情報提供であり二重責任の原則に抵触するとの議論もありますが，二重責任の原則を踏まえた記載がなされています。

3　監査に求められる機能を経済学的に分析すると

監査は，**被監査会社とステークホルダーとの間の利害対立**という状況を解消するためにも必要です。この利害対立の解消に関し，両者間の経済的なつながりから，監査の役割，機能を説明しているものに，**モニタリング仮説**，**情報仮説**および**保険仮説**という３つの仮説があります。

▷モニタリング仮説

モニタリング仮説は，**スチュワードシップ仮説**や**契約支援機能**とも言われています。これは，**会社と投資者との間の情報格差（情報の非対称性）から生じる疑念（会社が不正な財務報告をしているという疑いなど）を解消**し，効率的な取引が両者間において行われるための役割を監査に求めるものです。

両者から独立した職業的専門家である**監査人に情報の保証をしてもらう**ことにより，安心した契約，取引履行が可能となります。監査に当たり，その監査人に支払う費用は両者にとって必要不可欠な最低限の費用と認識するわけです。

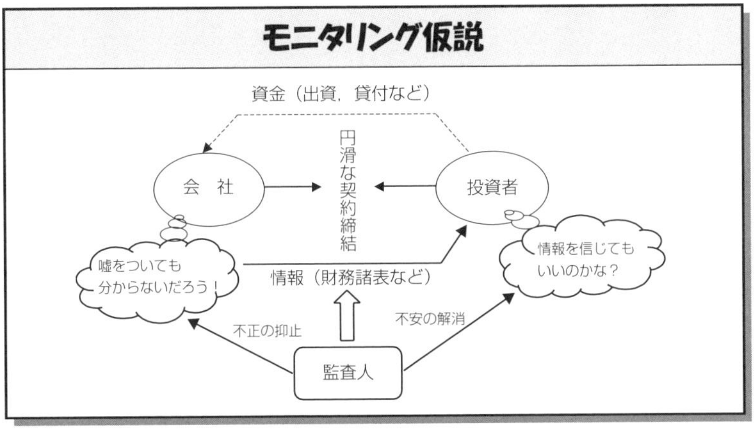

▷情報仮説

情報仮説は，**意思決定支援機能**とも言われます。各々のステークホルダーは，会社との間に多くの利害関係を持ち，多くの意思決定を行う状況に直面します。その意思決定の際に，会社が開示する財務諸表などの多くの情報が利用されます。

その情報に対して，監査人による保証が行われていたならば，ステークホルダーは虚偽の情報により誤った判断を下し，投資などを失敗する**情報リスク**を軽減することができます。このように，多くのステークホルダーが**意思決定を行う際の情報リスクを軽減する役割**としての機能が監査にはあります。

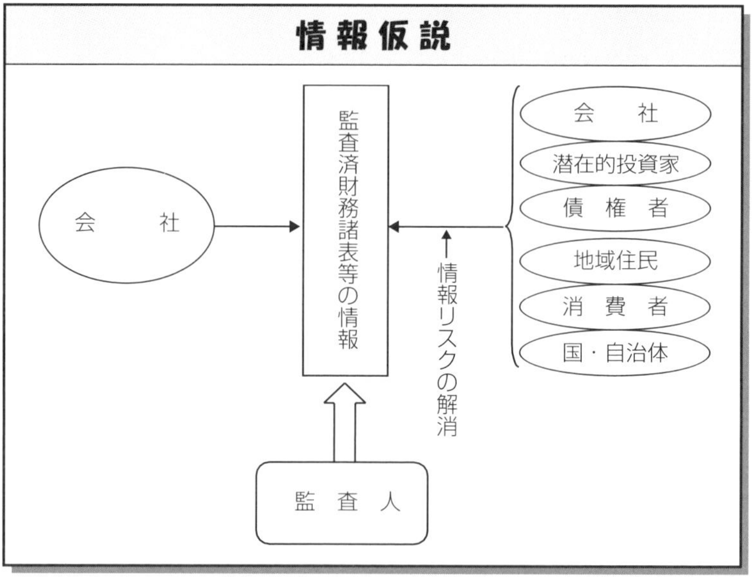

▷保険仮説

保険仮説は**リスク分散仮説**とも言われ，監査人を会社とステークホルダーとの間に介在させ，虚偽の財務諸表を利用した結果の**損失に対する保険の役割**を監査に求めるものです。

そもそも，財務諸表等に不正を施す会社は，経営状態が良好とは言えない場合が多く，不正な財務報告によって生じた損害賠償を負担できない状況にあることが多いといえます。

そこで，そのような資力のない会社に代わって，監査人が損害賠償を負担できる存在となります。ステークホルダーは，会社が不正な財務報告を作成し，その不正を監査人が看過した場合に被った損害を監査人が補償してくれることを見込み，監査を必要とします。

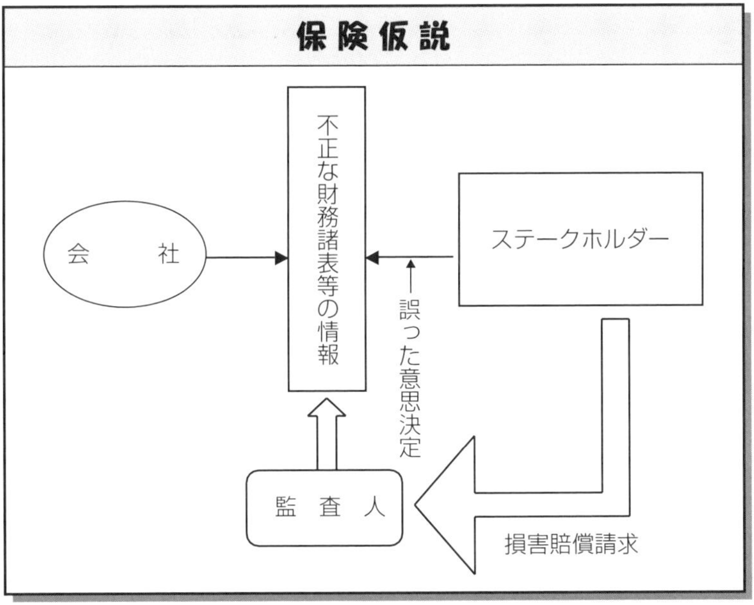

監査は，会社とステークホルダーとの間に生じるさまざまな状況を解消するために必要とされます。監査はまた，ステークホルダーの意思決

定に役立ち，不測の事態が生じた場合においては監査人に対する損害賠償請求によりその補償を行うという機能も果たすものと考えられているわけです。

CHAPTER 5

さまざまな監査

1　公認会計士が行う会計監査

2　コーポレート・ガバナンスと監査

3　内部統制と監査

4　どのような組織を監査するのか？

5　行政機関や地方公共団体の監査

監査は，さまざまな役割期待からその実施が求められており，現代の社会において不可欠な存在となっています。

監査は，監査対象や監査担当者あるいは被監査組織体の形態などによりさまざまな種類に分類することができます。

本章では，**組織体の経営管理**に関わる仕組みである**コーポレート・ガバナンス**に関連づけて説明します。**コーポレート・ガバナンス**とは，会社やその経営者による行動や意思決定を統制，監視する仕組みであり，そこに監査の役割が存在するからです。

また，本章を通して**監査は，公認会計士や監査法人のみが担当するものではない**ということがわかると思います。それは，株式会社に代表される営利会社のみが監査を必要としているわけでもないこともわかるかと思います。

なお，本章を読み進めるにあたって，公認会計士の監査の拡がりを理解するとともに，公認会計士または監査法人が行う監査とそれ以外の監査とを混同しないように整理しながら，読み進めてください。

1　公認会計士が行う会計監査

会社を取り巻く株主，債権者，取引先，従業員などの利害関係者である**ステークホルダー**は，会社の健全かつ効率的な運営を求めています。しかし，会社を動かす経営者が，自身の利益のために不正や違法行為を行い，それが多くのステークホルダーの損失となる可能性があります。

会社の経営者に不正や違法行為などを行わせない，言い換えれば，**ステークホルダーが不正や違法行為などにより損失を被《こうむ》らないようにする**ためには，どのような仕組みが必要でしょうか。

その１つが先に説明した公認会計士または監査法人による財務諸表に対する監査です。適切な意思決定を行い，損失を被るリスクを回避するために，**独立の第三者である監査人に情報を保証してもらう**ことは重要です。

これを会社から見れば，監査人より情報の信頼性を保証してもらえないならば，会社に対するステークホルダーの不信感につながり，ステークホルダーが会社から離れる結果となり，会社運営においてさまざまな支障が出てきます。

公認会計士による監査

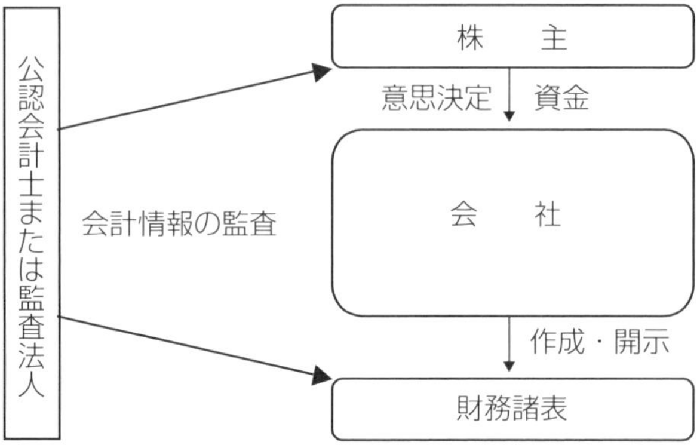

このように公認会計士または監査法人が財務諸表等の会計情報の監査を行う場合，**会計監査**として分類されます。公認会計士または監査法人による会計監査は，**会社の不正，特に粉飾決算を抑止**することにもつながります。

しかし，公認会計士または監査法人による会計監査は，その対象を会計情報に限っています。このため，会社を実質的に動かす経営者やその指示の下にある従業員の行動などの業務を監視することはできません。

会計監査に対し，会社の経営者などの業務内容について，その適法性や効率性について監査を行う場合があります。そうした監査を**業務監査**と呼びます。業務監査は，コーポレート・ガバナンスの一翼を担うものとして重要です。

KEYWORD

会計監査と業務監査――監査を実施する対象により会計監査と業務監査に分類することができます。会計監査は，会計情報である会計業務を監査するのに対し，業務監査は，会計業務以外の業務を監査することになります。会社の業務はすべて会計に関わってきますから，明確に会計業務と監査業務を分類することはできません。

2 コーポレート・ガバナンスと監査

株式会社には，経営者を監視・監督するシステムとしてのコーポレート・ガバナンスの仕組みが設けられています。その仕組みを図で示すと，次のようになります（**監査役会設置の大会社**の場合を示しています。）。

コーポレート・ガバナンスの仕組み（監査役会設置会社）

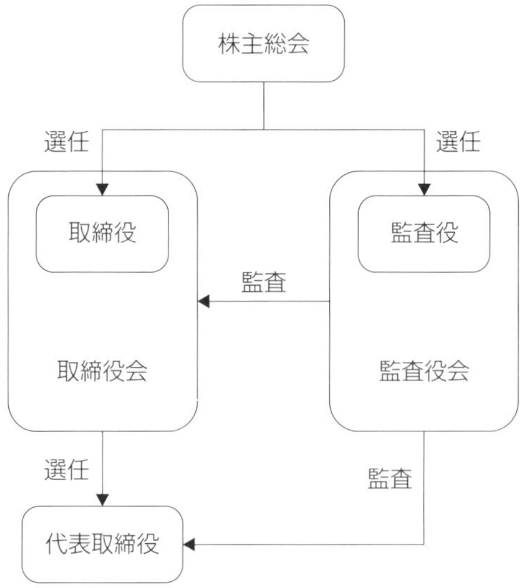

まず，株主は，**株主代表訴訟**により，**経営者の任務怠慢による損失に対して会社に代わって経営者を訴える**ことができます。この株主代表訴訟制度により，ある面で株主は経営者を統制することができるでしょう。

しかし，株主代表訴訟制度は，損失を被《こうむ》った後に提起されるものであるため，抑止効果を期待することはできても，常に経営者を監督することはできません。

そこで，株主は会社の意思決定機関である**株主総会**で経営者を監督する機関である**取締役会**と**監査役会**の構成員を選任し，株主の立場から経営者の業務執行の監督，監査を行わせることになります。

取締役会は，選任された取締役全員で組織し，その中から**代表取締役**である経営者を選任します。**取締役会は業務執行に関わる決定**を行うとともに，**経営者や業務執行取締役の業務執行を監督**します。

監査役会は，選任された監査役全員で組織し，**会計監査とともに取締役の業務執行を監査する業務監査**を実施します。会計監査人を置く会社では，監査役が実施する**会計監査は公認会計士である会計監査人によって行われ**ます。

監査役が行う監査は**監査役監査**と呼ばれます。

次頁の図に示すように，取締役会の中に**指名委員会，報酬委員会**および**監査委員会**を設置する**アメリカ的なガバナンス**を取り入れた**指名委員会等設置会社**を採用する会社もあります。

コーポレート・ガバナンスの仕組み（指名委員会等設置会社）

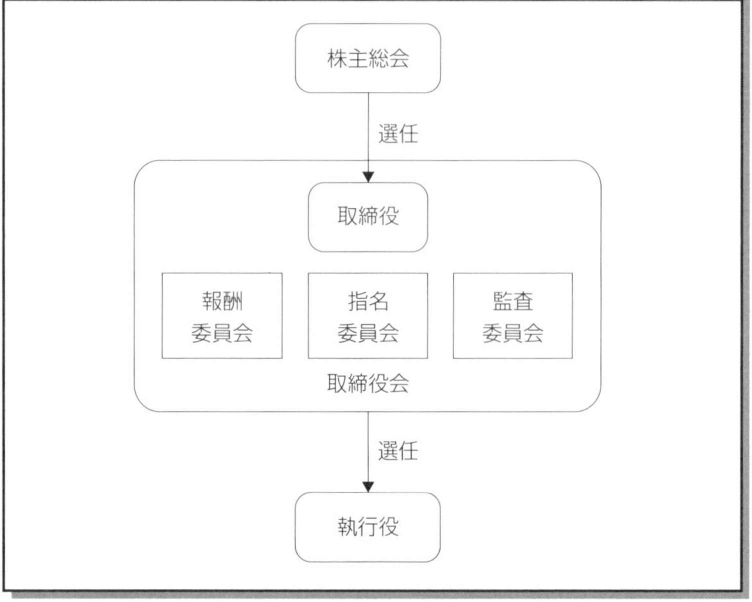

指名委員会等設置会社では，**監査委員会**が取締役および執行役の業務執行について監査を行うことになります。つまり監査役会の機能が取締役会の中に取り込まれたことになります。

このような会社内の機関が業務執行を行う経営者を監督，監査し，不正や違法行為などを防止します。しかし，監督，監査の形式は整っていても，実際，その機能が果たされていない状況がありました。このため，**社外取締役や社外監査役を選任する**制度に改められるなど，その強化が図られています。

これらの機関はあくまで会社内部のものであり，内部の機関（内部者）が監査を行う**内部監査的**な側面が常に付きまとうため，どこまでその機能が果たされるかは，会社の社会的な責任とも関わってくる問題です。

KEYWORD

監査役――監査役は，株主総会で選任，解任されます。監査役になるための資格には制限はなく，任期は選任後４年以内の最終の決算期に関する定時総会の終結の時までです。監査役会を設置する場合，３人以上の監査役が必要で，そのうち半数以上は社外監査役である必要があります。なお，監査役のうち少なくとも１名は常勤監査役である必要があります。

指名委員会等設置会社――取締役会の中に，報酬委員会，指名委員会および監査委員会を設置し，取締役会の決議に基づき業務執行を行う執行役を選任することにより，業務執行と監督の分離を明確にした会社機関を採用する会社です。執行役は，取締役との兼任は認められているものの監査委員会の委員の兼任は認められていません。日本では平成14（2002）年の商法（当時）改正により導入された委員会設置会社が，平成26（2014）年の会社法改正による監査等委員会設置会社の導入によりその名称が指名委員会等設置会社に改められました。

外部監査と内部監査――監査を実施するものが，監査を受ける会社の外部の人か，内部の人かによる分類です。外部監査は公認会計士が実施する監査のように独立の第三者の立場で行われる監査です。したがって，その中心は会計監査です。それに対し内部監査は，会社の従業員である監査人（公認会計士である場合もあります）が，会社の経営管理の一環として行う監査です。したがって，会計監査に関しては外部監査に委ね，その中心は業務監査を行っています。

監査等委員会設置会社――監査等委員会設置会社は，平成26（2014）年の会社法改正により導入されました。監査等委員会設置会社に設置された監査等委員会は，監査役会および指名委員会の特徴を抽出した性格があります。監査等委員会は株主総会の選任であり，その解任も株主総会の特別決議が必要となるように監査役に近い特徴を有しています。また，指名委員会等設置会社と同様に，取締役会の中の１委員会として取締役会のための監査の実施といった構造になっていますが，業務執行には従事しない取締役や社外取締役を構成員とすることにより，代表取締役の業務執行等を監督し，そのガバナンス強化を意識した形態となっています。

コーポレート・ガバナンスの仕組み（監査等委員会等設置会社）

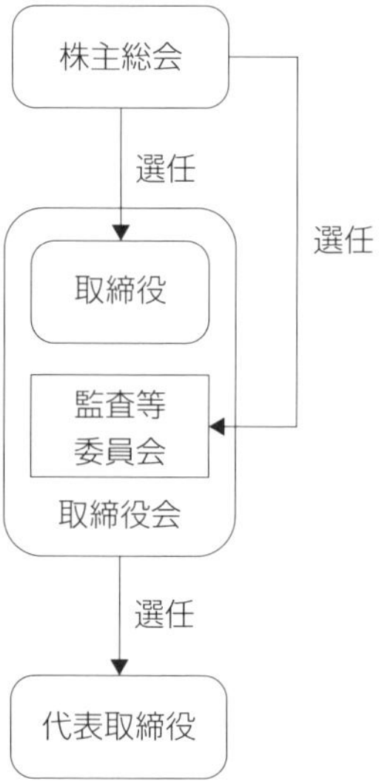

3　内部統制と監査

会社において構築されるコーポレート・ガバナンスが，監査と深く関わっていることが理解できたと思います。

会社においては，その業務執行を行う者のみを監督すればいいのでしょうか。トップは不正も違法行為もなく，誠実であったとしても，その下部組織，すなわち従業員等が監督，統制されていなければ，歪《ゆが》められた情報が報告されることになるかも知れません。これまで，商品や製品の偽装など，従業員が関わる不正も多く発生しています。

そこで，**会社全体を管理，統制する仕組みとして内部統制**が必要となります。財務諸表監査では，この内部統制が整備，運用されていることを前提として，**試査**により監査手続が行われています。会社内を管理，統制する**内部統制は，監査人による監査と深い関係**にあることが分かります。

さらに，経営者が，財務報告に係る内部統制の有効性を評価し，その結果を示した**内部統制報告書**を作成する**内部統制報告制度**が，平成20（2008）年４月１日以降に開始する事業年度から実施されることになりました。この制度は，金融商品取引法第24条の４の４において規定されており，経営者が**一般に公正妥当と認められる内部統制の評価基準に準拠**して内部統制報告書を作成し，有価証券報告書と同様に内閣総理大臣に提出するものです。

この内部統制報告書に対しても，公認会計士または監査法人の監査が求められています。このことを**内部統制監査**といい，内部統制報告書が，一般に公正妥当と認められる内部統制の評価基準に準拠して作成され，

KEYWORD

試査――試査とは「試験的検査」の略語で，すべての取引および事象を監査対象とする精査ではなく，母集団から一定のルールにしたがってサンプルを取り出し，調査する方法です。現在の財務諸表監査は，試査によって行われます。それは，監査実施にかける時間的な制約および監査にかかるコストの問題が理由としてあげられます。また，財務諸表監査が財務諸表の正確性（財務諸表項目が１円も違っていないこと）を求めているものではありません。利用者が経営内容について的確に判断できること，すなわち重要な虚偽表示が含まれていないかどうかが利用者にとって重要であるため，事細かくすべての項目を監査する必要はないからです。

内部統制――内部統制とは，①業務の有効性や効率性を高めること，②財務諸表などの財務報告の信頼性を確保すること，③事業活動に関連する法令等を遵守すること，および④資産を保全する４つの目的を達成するために，会社内部のすべての構成員によって遂行される業務に組み込まれた仕組みです。

【コラム】 試査と内部統制

試査による財務諸表監査の実施は，被監査組織体の内部統制の整備状況の影響を受けます。内部統制が有効に整備されていたならば，重要な虚偽表示の可能性は低く，試査の範囲は狭くなります。逆に内部統制の有効性が低ければ，重要な虚偽表示の可能性は高くなり，より多くのサンプルを抽出し，調査しなければ，財務諸表が適正に作成されているかどうかを保証することができません。

内部統制の有効性の評価結果をすべての重要な点において適正に表示しているか否かについて，監査人が証拠を入手し，意見表明するものです。

なお，内部統制監査は，**財務諸表に対する会計監査と一体で実施**されるため，双方の監査で入手された監査証拠は，**双方の監査においてお互いに利用**されることになります。

会社は，公認会計士または監査法人という会社外部の者により実施される**外部監査**（**会計監査**，**内部統制監査**など）および会社内部の者により実施される**内部監査**（**監査役監査**，**監査委員会監査**，**内部監査**など）を実施しています。それらは，コーポレート・ガバナンスや内部統制といった会社の経営者の監督，監査および会社の統制を行うための会社内の仕組みと関連し合いながら実施されています。

内部統制と監査

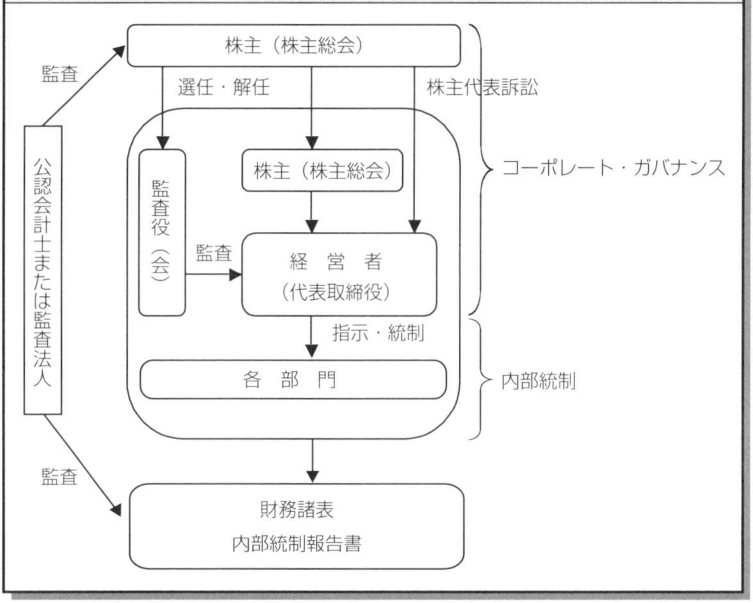

4 どのような組織を監査するのか？

監査は，株式会社のような会社のみならず，**非営利法人などさまざまな組織体において実施**されています。多くの組織体に対し，監査が実施されることは，その役割が重視されていることを意味するとともに，監査の拡がりを示すものということができるでしょう。

これらの組織体は，ステークホルダーへの情報提供の信頼性を確保するために，株式会社をその代表として公認会計士または監査法人の監査が強制されているもの（**強制監査，法定監査**）や強制されていなくとも非営利法人のように，その組織体の透明性を高め，地域住民から信頼される組織（病院や福祉施設の利用など）を目指す意味から自主的に監査を受けている組織体もあります（**任意監査，自由監査**）。

また，政府関連組織のように，国民の税金からの補助金，運営費で事業を展開する組織体は，その使途を明らかにする必要から監査を強制されているところがあります。

宗教法人のように小規模，更生保護法人のように小規模かつ少数の法人については，監査を強制する必要がない組織体もあります。

公認会計士または監査法人による監査が実施されている組織とそうでない組織はあるものの，公認会計士による監査が実施されていない組織体においても**監査役（監事）**といった，内部機関により監査が実施されている場合がほとんどであり，何らかの形で，監督，監査される仕組みがあります。

監査が関わっている組織

分類	組織体の種類	設立根拠
営利会社	株式会社	会社法
	持分会社（合同・合名・合資）	会社法
	相互会社	保険業法
公共会社	公共事業会社（電気・ガス・鉄道）	会社法・個別事業法
非営利法人	一般社団・財団法人	一般社団法人及び一般財団法人に関する法律
	公益社団・財団法人	公益社団法人及び公益財団法人に関する法律
	特定非営利活動法人（NPO法人）	特定非営利活動促進法
	医療法人	医療法
	社会福祉法人	社会福祉法
	宗教法人	宗教法人法
	学校法人	私立学校法
	更生保護法人	更生保護事業法
中間的な団体	共済組合	各種の共済組合法
	信用金庫	信用金庫法
	協同組合	各種の協同組合法
	労働組合	労働組合法
政府関連組織	特殊法人	特別法・個別法
	独立行政法人	独立行政法人通則法・個別法
	国立大学法人	国立大学法人法
政治団体	政党	政治資金規正法
	政治資金団体	
	資金管理団体	
	その他の政治団体	

KEYWORD

強制監査（法定監査）と任意監査（自由監査）——監査が法律などによって強制されているか否かの分類です。監査が関わっている組織の中でも営利会社は，その監査を金融商品取引法や会社法により強制されています（強制監査・法定監査）。非営利法人の中でも，その設立根拠法により監査が強制されているものの1つとして学校法人があります。それに対し，監査を要求されていない組織体もあります。しかし，地域，社会との関係強化，債権者からの融資などのため，監査を受ける場合があります（任意監査・自由監査）。近年，一定規模以上の医療法人，社会福祉法人のようなこれまで監査が強制されていない組織においても，社会的な責任を果たすため，その監査が強制されてきています。

5　行政機関や地方公共団体の監査

さまざまな組織体に対し監査が実施されますが，**政府の行政機関や地方公共団体などに対しても監査が実施**されます。その監査のことを**公監査**と呼びます。公監査には，**会計検査院による検査**と**地方公共団体に対する監査**があります。

公監査は，公認会計士または監査法人以外のものが監査，検査を実施することもあり，公認会計士または監査法人との関わりが会社ほど強くありません。

▷会計検査院による検査

会計検査院は，憲法第90条において，その設置が定められており，内閣に対し独立の地位を有し（会計検査院法第１条），正確性，合規性，経済性，効率性および有効性の観点その他会計検査上必要な観点から**国などの収支決算の検査**を行い，その会計経理を監督，適正化，そしてその是正を図ることと（会計検査院法第20条），検査の結果を通して**国の収支決算を確認**する権限を有しています（会計検査院法第21条）。

憲法第90条【決算・会計検査院】

1　国の収入支出の決算は，すべて毎年会計検査院がこれを検査し，内閣は，次の年度に，その検査報告とともに，これを国会に提出しなければならない。
2　会計検査院の組織及び権限は，法律でこれを定める。

したがって，会計検査院は，立法，行政，司法のうちの行政の中で，内閣とは独立した地位でその検査を行うことから，会社における内部機関である監査役（監査委員会）が経営者などの会計および業務を監査する構図に似通っているともいえます。

会計検査院の位置づけ

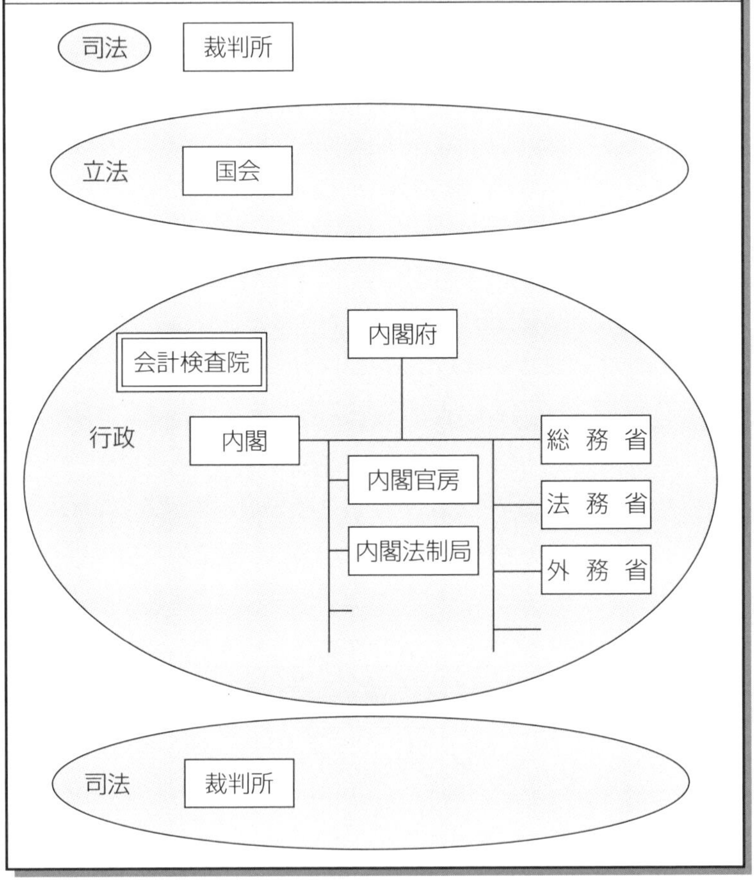

会計検査院は，**書面検査**および**実地検査**により，以下の６つの事項については必ず検査することになっています（会計検査院法第22条）。

検　査　事　項	検　査　対　象
①　国の毎月の収入支出	国会，裁判所，内閣，内閣府ほか11省など
②　国の所有する現金および物品並びに国有財産の受払	
③　国の債権の得喪《とくそう》，国債その他の債務の増減	
④　日本銀行が国のために取り扱う現金・貴金属・有価証券の受払	日本銀行
⑤　国が資本金の２分の１以上を出資している法人の会計	207の該当法人がある
⑥　法律により特に会計検査院の検査に付するものと定められた会計	日本放送協会

これに加え，会計検査院が必要と認めた事項または内閣より請求がある以下のような事項の検査を行います（会計検査院法第23条）。

検　査　事　項	検　査　対　象
①　国の所有または保管する有価証券，国の保管する現金および物品	国
②　国以外のものが国のために取り扱う現金・物品・有価証券の受払	都道府県，市町村など
③　国が直接または間接に補助金などを交付しまたは貸付金などの財政援助を与えているものの会計	継続指定60団体 年度限定指定5,968団体（令和３年次実績）
④　国が資本金の一部（２分の１未満）を出資しているものの会計	継続指定９法人
⑤　国が資本金を出資したものが更に出資しているものの会計	継続指定15法人

⑥	国が借入金の元金や利子の支払を保証しているものの会計	継続指定３法人
⑦	国または国の２分の１以上出資法人の工事その他の役務の請負人もしくは業務等の受託者又は物品の納入者のその契約に関する会計	160団体（令和３年次実績）

KEYWORD

会計検査院による書面検査と実地調査――書面検査とは，会計検査院が定めた計算証明規則に準拠して，一定期間の実績を計算書にまとめ，その正確性，適法性，妥当性を証明するため，証拠書類を添付の上，会計検査院に提出すること。それに対し，実地調査とは，書面検査の限界から，会計検査院が職員を省庁や団体の本部や支部，または工事などの事業が実際に行われている場所に派遣して実地に検査すること。

会計検査院の検査における検査官は，公認会計士の資格を有する必要はありませんが，検査官の中には資格保有者も所属しています。また，会計検査院は年に数回，日本公認会計士協会との定期協議をするなど，会計検査院検査において公認会計士の役割を重視する状況にあります。

▷地方公共団体に対する監査

地方公共団体に対する監査には，**監査委員監査**と**外部監査**があります。

監査委員監査とは，地方自治法第195条において**監査委員**（都道府県・政令指定都市４名，その他の市町村２人）を置くことが義務付けられ，監査委員は，**地方公共団体の財務に関する事務の執行および経営に係る事業の管理を監査**することになっています。

監査は，毎年度１回以上実施される**定期監査**から**住民監査請求などに基づく監査**まで広範囲にわたり，高度な専門知識が要求される監査です。この監査は，先の会計検査院の検査と同じく，公認会計士または監査法人が実施するものではなく，人格が高潔で，地方公共団体の財務管理，事業の経営管理その他行政運営に関して優れた識見を有する者および議員から選任されることになっています。

また，地方公共団体は，**監査委員監査の限界，住民による地方公共団体に対する透明化の要求**などから，**外部監査**が実施されています。この外部監査は，地方公共団体の財務管理，事業の経営管理その他行政運営に関し優れた識見を有する者で，弁護士，公認会計士，地方公共団体において行政事務，監査に従事したことのある精通者，および税理士が行うことができます。

外部監査は，その実施を条例で定め，議会等の議決を経て，毎年度，外部監査人との契約に基づき，外部監査人が必要と認めたテーマ（事案）について監査を実施する**包括外部監査**と，住民監査請求による監査などを監査委員監査の代替として行う**個別外部監査**があります。

さらに，2020年４月からは，都道府県知事および指定都市の市長は，財務に関する事務手続とその他の事務手続の内部統制に関する方針を定め，これに基づく必要な体制を整備し，その体制について評価した報告書を作成して，監査委員の審査に付し，公表することが求められています。これは，会社では，法令等でその整備が求められてきた内部統制が都道府県および指定都市という一部の地方公共団体だけですが，制度として求められるようになったことを意味しています。

以上のように，公的な組織体においても，監査が求められ，公認会計士による関わりを深める傾向があり，今後，さらにこの傾向は強まるものと考えられます。

CHAPTER 6

監査の実施

1　財務諸表監査のプロセス
2　内部統制とは？
3　現在，採用されている監査手法は何か？
4　事業上のリスク等を重視したリスク・アプローチとは？
5　監査計画を策定する
6　財務諸表監査を実際に行うときに
7　経営者からの書面による確認
8　監査調書とは？

1　財務諸表監査のプロセス

財務諸表監査は，一体どのようなプロセスで行われるのでしょうか。この章では，監査法人が，ある会社と初めて**監査契約**を結び，**監査計画**を策定し，**監査手続**を実施するプロセスについて説明します。

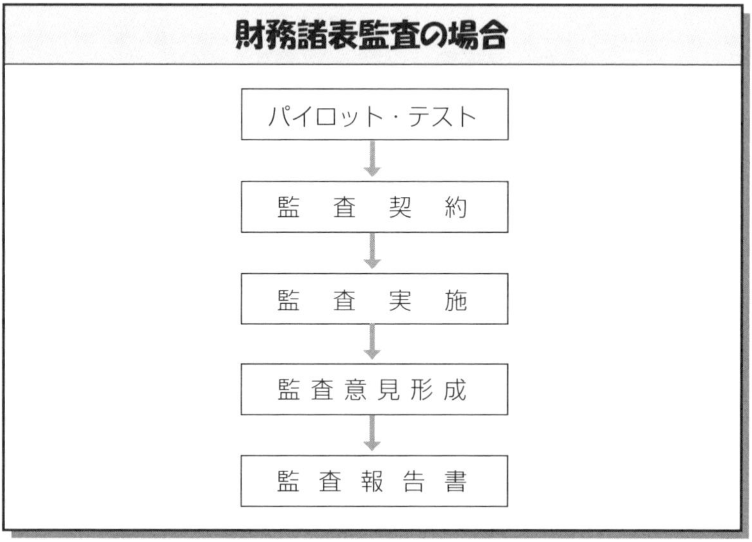

財務諸表監査の場合

▷▷(1)　監査契約を結ぶ

監査法人は，**財務諸表監査を実施する前に，被監査会社と監査契約**を結ばなければなりません。そこで監査人は，監査契約を結ぶ前に**パイロット・テストとよばれる事前調査**を行います。

パイロット・テストでは，被監査会社の規模や事業内容，経営者の誠実性，被監査会社の属する産業の状況や内部統制の状況などのさまざまな要件について確かめます。

その際に，被監査会社側の状況だけでなく，監査法人の状況を確かめる必要があります。監査法人の規模や組織が当該監査の契約に相応であるか，監査業務に適した能力を有しているか，あるいは監査を実施する監査人が確保できるかどうかなどについて考慮することになります。

パイロット・テストの結果，問題がなければ，監査法人は，被監査会社と監査契約を結びます。

▷▷(2)　財務諸表監査と内部統制の関係

さて，監査法人は，監査契約を結び，実際に財務諸表監査を行うことになりました。では，どのようにして財務諸表監査を実施するのでしょうか？　被監査会社のすべての会計資料をチェックするのでしょうか？

実は，監査人が被監査会社のすべての取引を監査することは，**時間的にも経済的にも限界**があります。

そこで財務諸表監査は，被監査会社で整備・運用されている**内部統制を利用し，試査によって財務諸表監査**を行っているのです。

2 内部統制とは？

ここでいう，内部統制とは何でしょうか？

内部統制とは，組織体において次の(1)から(4)の，４つの目的を達成するために，**組織内のすべての構成員によって遂行される業務に組み込まれたプロセス**をいいます。

▷▷(1) 業務の有効性や効率性を高めること

業務の有効性とは，事業活動や業務の目的がどの程度達成されるかを意味します。

一方，**業務の効率性**とは，組織が目的を達成しようとするさいに，時間，人員，コストなどの組織内外の資源が，無駄なく合理的に使用される程度をいいます。

▷▷(2) 財務諸表などの財務報告の信頼性を確保すること

誤った財務報告をした場合，多くの利害関係者の意思決定に影響を与えるだけでなく，組織に対する信頼を失墜させてしまうおそれがあります。そこで，**財務報告の信頼性**に関係する内部統制は，**財務諸表に重要な虚偽の表示が生じることのないように，必要な体制を整備・運用**することを求めています。

▷▷(3) 事業活動に関連する法令等を遵守すること

組織や組織内の構成員が**法令等の遵守（コンプライアンス）**を怠り，社会規範を無視した行動をとれば，それに応じた罰則や批判を受け，ときに組織の存続を危うくすることさえあります。反対に，法令等をきちんと遵守する取り組みが，社会的に評価されるというケースもあります。

　このような観点から，**法令等を遵守する仕組みづくり**が必要となります。

▷▷(4)　資産を保全すること

　資産を保全するための内部統制とは，資産の取得や使用および処分において，不正や誤謬を防止するために，それらが**正当な手段や承認のもとに行われるような仕組み**を構築し，運用することを意味します。

CHECK POINT

不正と誤謬

　財務諸表における虚偽の表示につながるものには，具体的には，不正と呼ばれるものと，誤謬《ごびゅう》と呼ばれるものがあります。

　不正とは，意図的に財務諸表の虚偽表示をする行為をいい，誤謬とは，意図的ではなく，無意識のうちに財務諸表の虚偽表示につながる行為をしてしまうことをいいます。

▷▷(5)　内部統制の基本的要素

　内部統制は，次の６つの基本的要素から構成されます。

内部統制の基本的要素	
統制環境	統制環境とは組織の気風を決定し，組織内のすべての者の統制に対する意識に影響を与える。統制環境は他の基本的要素の基礎となる。
リスクの評価と対応	リスクの評価とは，組織目標の達成に影響を与える事象について，目標の達成を阻害する要因をリスクとして識別，分析および評価するプロセスをいう。 リスクの対応とは，リスクの評価を受けて，そのリスクへの適切な対応を選択するプロセスをいう。

統制活動	統制活動とは，経営者の命令や指示が適切に実行されることを確保するために定める方針および手続をいう。
情報と伝達	情報の伝達とは，必要な情報が識別，把握および処理され，組織内外および関係者相互に正しく伝えられることを確保することをいう。
モニタリング	モニタリングとは，内部統制が有効に機能していることを継続的に評価するプロセスをいう。モニタリングには，業務に組み込まれて行われる日常的モニタリングと，業務から独立した視点から実施される独立的評価がある。
ITへの対応	ITへの対応は，組織目標を達成するためにあらかじめ適切な方針および手続を定め，それを踏まえて，業務の実施において組織内外のITに対し適切に対応することをいう。組織内外のITへの対応は，IT環境への対応とITの利用および統制からなる。

出所：企業会計審議会『財務報告に係る内部統制の評価及び監査の基準』

監査人は，内部統制の目的を達成するために，これらの基本的要素が会社内に整備され，有効に機能しているかどうかについて評価を行うことになります。

▷▷(6)　内部統制の限界

ところで，内部統制がいかに良好に整備・運用されていても，それは会社の目的達成にあたって合理的な保証を提供するに過ぎません。

というのは，**内部統制には固有の限界**があるためです。内部統制は，次のような場合に，本来の機能を果たせなくなります。

内部統制の限界

- 判断の誤りや不注意，複数の担当者による共謀
- 当初想定していなかった組織内外の環境の変化や例外的な取引など
- 経営者や部門責任者などが不当な目的のために，内部統制を無視あるいは無効にした場合

さらに内部統制は，組織の経営判断において，費用（コスト）と便益（ベネフィット）を比較衡量したうえで整備・運用されるため，100％といった**絶対的な保証ではなく，合理的な保証を提供**しているものと考えられています。

▷▷(7)　内部統制の監査

金融商品取引法では，2008年４月より始まる事業年度に，有価証券報告書提出会社のうち，金融商品取引所に上場している有価証券の発行者である会社（金融商品取引法第24条の４の４第１～３項）およびその他政令で定めるものを対象に，財務諸表とともに経営者による財務報告に係る内部統制の有効性の評価結果を記載した報告書（以下，「**内部統制報告書**」という。）を作成・開示することを求めています。

ここで，「財務報告に係る内部統制（以下，「内部統制」という。）」とは，上述の内部統制の目的の１つですが，「**財務報告**」とは，**財務諸表と財務諸表の信頼性に重要な影響を及ぼす開示事項**等（財務諸表に記載された金額，数値，注記を要約，抜粋，分解または利用して記載すべき開示事項など）を示します。

経営者は，自社の「内部統制」が有効である，つまり「内部統制」が

適切な「内部統制」の枠組みに準拠して，整備・運用されており，**開示すべき重要な不備がない**ことを，基本的に連結ベースで評価します。

経営者が「内部統制」を評価する際には，重要性に応じて評価範囲の「絞り込み」がされます。

つまり，全社的な「内部統制」と決算・財務報告に係る業務プロセスについては，原則としてすべての事業拠点について評価しますが，決算・財務報告に係る業務プロセス以外の業務プロセスの評価範囲は絞り込みが認められているのです。

内部統制監査の概略図

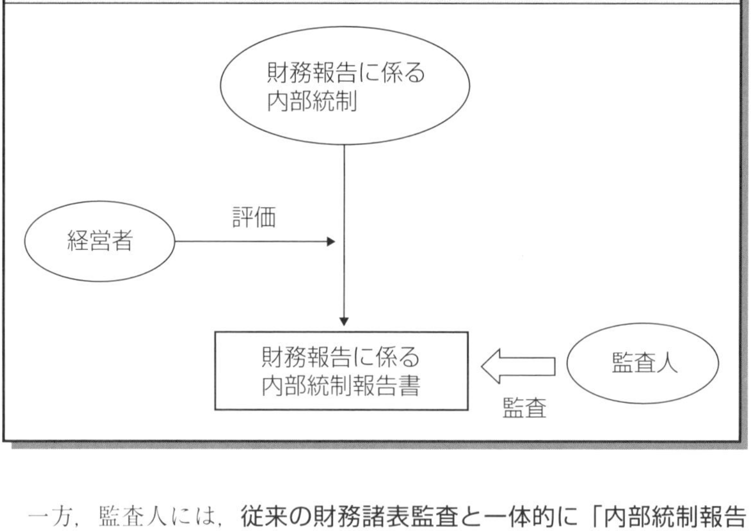

一方，監査人には，**従来の財務諸表監査と一体的に「内部統制報告書」の監査**（以下，「**内部統制監査**」という。）**を実施**することが義務づけられています。それゆえに，**内部統制監査は財務諸表監査の監査人と同一の監査人によって実施**されます。

3 現在，採用されている監査手法は何か？

さて，財務諸表監査の話にもどします。現在，財務諸表監査は，**リスク・アプローチ**と呼ばれる手法で行われています。

リスク・アプローチとは，**監査上の重要性**と**監査リスク**に着目して，**監査リスクを合理的に低いと認められる水準に抑える**ことに焦点を合わせた監査手法です。

ここで，監査上の重要性とは，監査計画の策定や監査の実施，監査証拠の評価ならびに意見形成のすべてに関わる**監査人の判断の規準**をいいます。

リスク・アプローチでは，監査人は，**財務諸表の重要な虚偽の表示を見過ごさない**ようにするために，容認できる**重要性の基準値**を決定します。

重要性の基準値は，通常，金額的な数値が設けられますが，虚偽の表示の質的影響についても注意が払われます。

この重要性の基準値をもとに，達成すべき監査リスクの水準も考慮しながら，特定の勘定や取引について実施すべき監査手続，その実施時期および範囲を決定し，監査を実施していきます。

▷▷(1)　監査リスク（Audit Risk：AR）

監査リスクとは，監査人が財務諸表監査を行ったさいに，例えば**重要な虚偽の表示があるにも関わらず，それを「ない」と判断して誤った監査意見を表明するリスク**のことをいいます。

財務諸表監査では，**100%の水準で財務諸表に重要な虚偽の表示がないとは言い切ることはできません。**監査人が職業的専門家としての正当な注意を払い，一般に公正妥当と認められる監査の基準に準拠して監査を実施したとしても，**誤った意見を表明してしまう可能性は常に存在する**のです。

リスク・アプローチでは，このような監査リスクを合理的に低い水準，つまり社会的に許容されるような水準に抑えるように監査計画を立案します。

そのさいに，重要な虚偽の表示が生じる可能性の高い事項に対して重点的に監査の人員や時間をあてることによって，**効果的で効率的な監査を実施する**ことができるのです。

リスク・アプローチは，具体的には，次のような**監査リスク・モデル**と呼ばれる関係式で考えます。

▷▷(2)　監査リスク・モデル

監査リスクは，**固有リスク**（Inherent Risk：IR）と**統制リスク**（Control Risk：CR）と**発見リスク**（Detection Risk：DR）と呼ばれるリスクから構成されます。

監査リスク(AR)
＝固有リスク(IR)×統制リスク(CR)×発見リスク(DR)

⇩	⇩
会社側のリスクで 財務諸表監査とは独立	財務諸表監査 が関係

以下では，監査リスクの構成要素である各リスクについて説明します。

①　固有リスク

固有リスクとは，**内部統制が存在していないと仮定した場合に，財務諸表に重要な虚偽の表示がなされるリスク**をいいます。

固有リスクには，経営環境によって影響を受ける種々のリスク（会社が属する産業の状況や製品・サービスに関連する技術革新の影響など）や，特定の取引，勘定残高，開示などが本来持っているリスク（専門家を必要とするような特殊または複雑な取引および事象や経営者の見積りや判断を必要とする項目など）があります。

②　統制リスク

次に統制リスクとは，**財務諸表の重要な虚偽の表示が，会社が整備・運用している内部統制によって防止または適時に発見されないリスク**をいいます。

さて，この固有リスクと統制リスクについては，基本的には会社側のリスクであり，監査人が行う財務諸表監査からは独立したリスクです。

現在行われている，**事業上のリスク等を重視したリスク・アプローチ**では，原則として固有リスクと統制リスクをあわせて，**重要な虚偽表示のリスク**（Risk of Material Misstatement：RMM）として評価しています。

監査リスク(AR)

＝固有リスク(IR)×統制リスク(CR)×発見リスク(DR)

⇩

＝重要な虚偽表示のリスク(RMM)×発見リスク

ただし，固有リスクと統制リスクという概念それ自体が消滅したというわけではなく，両リスクを別々に評価することを禁止しているわけでもありません。この事業上のリスク等を重視したリスク・アプローチについては，後ほど詳しく説明します。

③ 発見リスク

発見リスクとは，**内部統制によって防止または発見されなかった財務諸表の重要な虚偽の表示が，監査人による監査手続を実施しても，それでもなお発見されないリスク**をいいます。

▷▷(3) リスクの相互関係

上記３つのリスク（固有リスク・統制リスク・発見リスク）の相互関係を考慮して，リスク・アプローチは次のように考えます。

例えば，今，ある会社の財務諸表監査において，監査リスクを５％の水準に抑えられるように監査を実施したいとします。

固有リスクと統制リスクがともに50％であったならば，発見リスクは，監査リスク・モデルより20％と計算されます。これは，監査を80％（＝100％－20％）の精度で実施できるようにすることを意味しています。

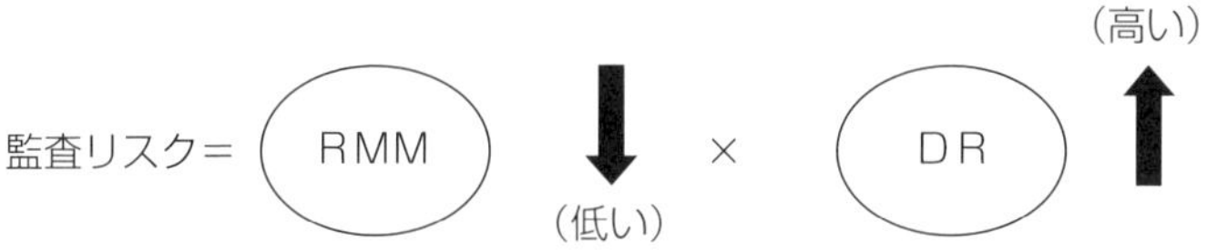

具体例　　５％＝（　50%　×　50%　）　　×　ＤＲ
　　　　　ＤＲ＝20%

※　ＲＭＭが低い場合，ＤＲが相対的に高い水準でもＡＲの水準を達成できる。

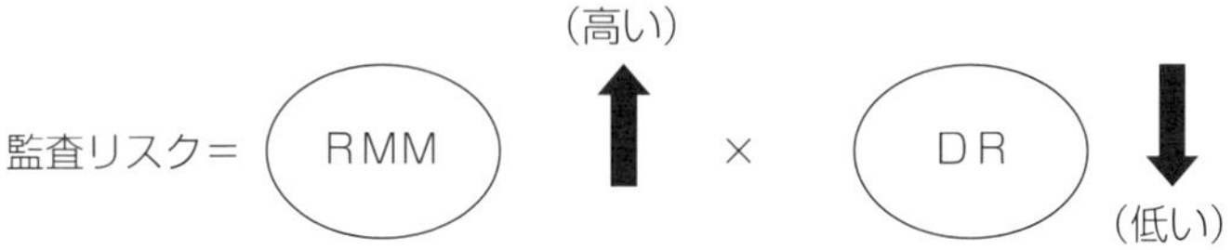

具体例　　５％＝（　50%　×　80%　）　　×　ＤＲ
　　　　　ＤＲ＝12.5%

※　ＲＭＭが高い場合，ＤＲが低い水準になるように監査をしなければならない。

一方，監査リスクを同じ水準（５％）に抑えようとするさいに，固有リスクは50％ですが，内部統制が有効に機能しておらず，統制リスクが80％と考えられる場合，発見リスクは，12.5％の水準，言い換えれば，87.5％（＝100％－12.5％）の精度で監査を実施しなければ，監査リスクの５％を達成できません。

つまり，前述の場合（20％）と比べて，重要な虚偽表示を見過ごす可能性をより小さく（12.5％）するような精度の高い監査をしなければならないと考えるのです。

では，この精度の高い監査を行うためにはどうすればよいのでしょうか。

それは，例えばより強い証明力をもつ監査証拠を得るための監査技術を選択したり，貸借対照表日により近い時期に実証手続を実施することが考えられます。

4 事業上のリスク等を重視したリスク・アプローチとは？

1990年代後半頃から，諸外国では会社を取り巻くさまざまなリスクに着目した「**ビジネスリスク・アプローチ**」が取り入れられるようになりました。

わが国でも2005（平成17）年に監査基準の改訂がなされたとき，国際的な動向も踏まえながら，従来のリスク・アプローチを改良した事業上のリスク等を重視したリスク・アプローチを導入しました。

▷▷(1) 従来のリスク・アプローチをなぜ見直したのか？

事業上のリスク等を重視したリスク・アプローチは，一体なぜ導入されたのでしょうか。

これには，２つの要因が挙げられます。

１つ目は，現在，会社における取引や会計記録の多くがシステム化され，日常的に決まりきった手続や手順になってきたという背景があります。

そのような中，財務諸表の重要な虚偽の表示は，次第に**経営者レベルでの不正**（会計方針の適用等に関する経営者の関与等から生ずる可能性）であることが相対的に高くなってきました。

そこで，このような経営者レベルでの不正に監査人が対応するためには，内部統制を含む，会社および会社の経営環境を十分に理解し，財務諸表に重要な虚偽の表示をもたらす可能性のある，事業上のリスク等を考慮する必要があると考えるようになったのです。

２つ目は，監査人の監査上の判断が，財務諸表の個々の項目に集中する傾向があるため，**経営者の関与による財務諸表の重要な虚偽表示**を見過ごしてしまう原因となるという指摘があったことが挙げられます。いわゆる「木を見て森を見ず」ということが起こりうるのです。

これに加えて，従来のリスク・アプローチでは，固有リスクと統制リスクを個別に評価して，発見リスクの水準を決定していたのですが，実際にはこれらのリスクは複合して存在していることが多く，たとえそれぞれが独立して存在する場合でも，監査人は重要な虚偽表示が生じる可能性を適切に評価し，発見リスクの水準を決定することが重要であって，固有リスクと統制リスクを分けて評価することは必ずしも重要ではありません。

このようなことから固有リスクと統制リスクを結合して，「重要な虚偽表示のリスク」を評価したうえで，発見リスクの水準を決定することにしたのです。

▷▷(2)　事業上のリスク等を重視したリスク・アプローチの内容

次頁の図は，事業上のリスク等を重視したリスク・アプローチの全体像です。

事業上のリスク等を重視したリスク・アプローチによる監査の流れ

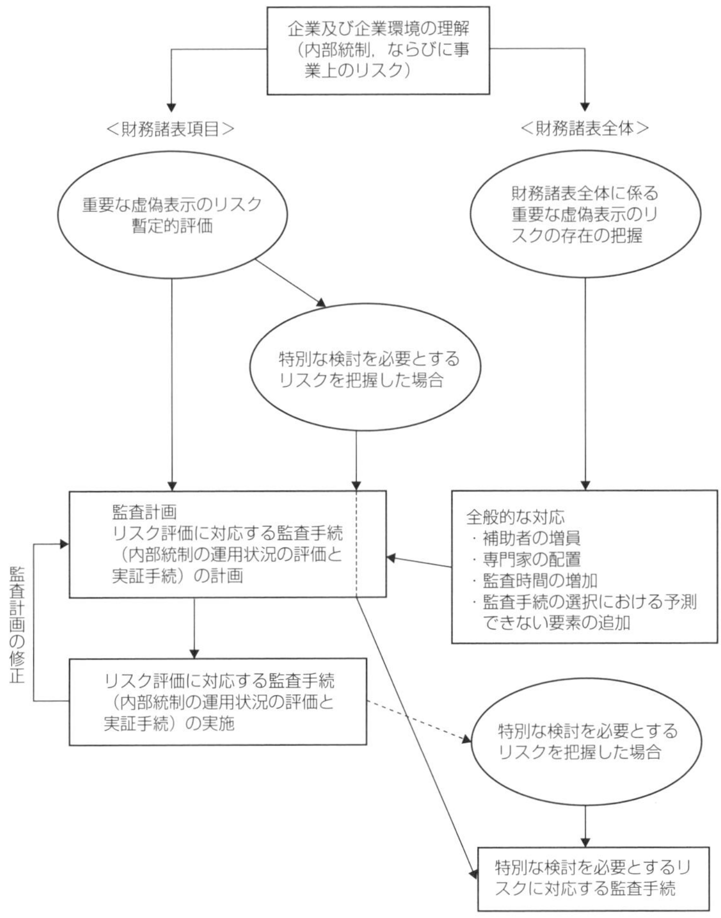

出所：企業会計審議会監査部会第10回（2005年７月）議事録資料３参照

事業上のリスク等を重視したリスク・アプローチでは，監査人は，まず**内部統制を含む，会社や会社を取り巻く環境を理解**します。

そのためには，経営者や従業員に質問をしたり，通例でない取引や会計事象，金額，比率および傾向の存在を識別したり，会社の活動や業務の観察，文書の閲覧などを行います。内部統制を含む，会社や会社を取り巻く環境を理解したうえで，固有リスクと固有リスクに対応する統制リスクを重要な虚偽表示のリスクとして，暫定的に評価します。

この際の監査手続を**リスク評価手続**といいます。

その後，財務諸表における「重要な虚偽表示のリスク」を，**財務諸表全体レベルと財務諸表項目レベルの２つのレベルにおいて評価**します。

財務諸表全体レベルにおいて重要な虚偽表示のリスクが認められた場合には，そのリスクの程度に応じて，補助者を増員したり，専門家を配置したり，適切な監査時間を確保するといった**全般的な対応を監査計画に反映**させます。このようにして，監査リスクを一定の合理的に低い水準に抑えるための措置を講じます。

一方，財務諸表項目レベルでは，まず内部統制の整備状況を調査し，**重要な虚偽表示のリスクを暫定的に評価**します。

次に，暫定的に評価したリスクに応じて，内部統制の有効性を評価する手続（「**内部統制の運用状況の評価手続**」あるいは「**運用評価手続**」といいます。）と，監査要点の直接的な立証を行う実証手続を実施します。これらは**リスク対応手続**と呼ばれます。

リスク対応手続 ｛ 内部統制の運用状況の評価手続（運用評価手続）
　　　　　　　　　実証手続

なお，2020（令和２）年の「監査基準」の改訂では，財務諸表全体レベルでは固有リスクと統制リスクを結合した重要な虚偽表示のリスクを評価する考え方を維持する一方で，財務諸表項目レベルでは，固有リスクと統制リスクを分けて評価することが求められています。

これは，重要な虚偽表示のリスクを適切に判断するためには，固有リスクの性質に着目することが必要であるとの考え方によるものです。

財務諸表項目レベルと財務諸表全体レベルで重要な虚偽表示のリスクがあると判断した場合は，「**特別な検討を必要とするリスク**」として，そのリスクに個別に対応するためのリスク対応手続を計画し，実施しなければなりません。

特別な検討を必要とするリスクかどうかについては，監査人の職業的専門家としての判断によって決められます。

その判断には，内部統制を考慮せずに，①リスクの性質，②潜在的な虚偽の表示が及ぼす影響の度合い（そのリスクによって複数の虚偽の表示につながる可能性等），③リスクの発生可能性の程度を検討し，特別に監査上の検討が必要かどうかを決定することになります。

5 監査計画を策定する

財務諸表監査を行うにあたって，監査人は**監査計画を策定**します。監査計画とは，監査人が財務諸表の重要な虚偽の表示を見過ごすことなく，**監査を組織的，効果的かつ効率的に実施**するために，監査の基本的な方針を策定し，この基本的な方針に基づいて，詳細な監査の実施方法を決定していくことをいいます。

監査の基本的な方針には，監査業務の範囲，その実施時期，監査役（会）または監査委員会および経営者などとの必要なコミュニケーション，ならびに監査の方向性などが含まれます。この監査の基本的な方針は，詳細な監査計画の指針となります。

詳細な監査計画とは，監査リスクを合理的に低い水準に抑え，十分かつ適切な監査証拠を入手するために，**監査チームが実施すべき監査手続，その実施の時期および範囲を決定**することをいいます。

そして，監査人は，監査の基本的な方針および詳細な監査計画を，監査期間中，必要に応じて見直し，修正をすることになります。

つまり，新たな事象が発生したり，状況が変化した場合，あるいは監査手続の実施結果が想定した結果と異なった場合には，随時，監査の基本的な方針および詳細な監査計画，そしてこれらをもとに**計画した監査手続やその実施時期および範囲などを必要に応じて修正**することになります。

6　財務諸表監査を実際に行うときに

▷▷(1)　組織的監査

財務諸表監査は，監査人一人では行うことはできません。

「監査基準」一般基準７にもあるように，監査人は，監査を行うにあたり，品質管理の方針と手続にしたがい，指揮命令の系統および職務の分担を明らかにし，また監査に従事する補助者に対して，適切な指示および監督を行わなければなりません。

これは，組織的監査，つまり有効で効率的な監査を実施するために，**チームを結成して対応する必要性**について規定しています。

▷▷(2)　他の監査人および専門家の業務の利用

組織的に監査を行う際には，**他の監査人や専門家の業務を利用**することがあります。他の監査人を利用するケースとして，例えば近年会社の活動が多角化・グローバル化し，海外に連結対象子会社を持っているといった場合，その**子会社の監査人**が行った監査結果を利用することが認められています。

専門家の業務を利用するケースとしては，IT（情報技術）に精通した**情報処理技術者**や，特殊な数理計算によって金額の算定をする**保険数理人（アクチュアリー）**，あるいは**不動産鑑定士**などの業務を利用することがあげられます。

7 経営者からの書面による確認（経営者確認書）

監査人は，適正な財務諸表を作成する責任は経営者にあること，財務諸表の作成に関する基本的な事項，経営者が採用した会計方針，経営者は監査の実施に必要な資料をすべて提示したことおよび監査人が必要と判断した事項について，経営者から確認を求めた書面（これを「**経営者確認書**」といいます。）を受け取らなければなりません。

経営者確認書は，かつては「**陳述書**」と呼ばれていました。

しかし，財務諸表の作成者である経営者と監査人が財務諸表に対する責任を分担しながら相互に協力し合う関係を示し，監査制度に対する社会的信頼性を一層高めていくために，「陳述書」というよりも「確認書」という呼称の方が適切と考えられたため，現在の呼称となっています。

以前から経営者確認書の入手は監査手続であるのかどうかについて，また，経営者確認書の入手が監査終了時に限定されていたことから経営者確認書が監査証拠であるかどうかについても議論がありました。

現在では，**経営者確認書の入手は監査手続**とされており，必ずしも監査の終了時に限られるものではなく，監査人の判断で適宜，適切に行っています。

監査人が必要と認めて経営者確認書への記載を求めた事項の全部または一部について経営者が確認を拒否した場合には，それは監査範囲の制約となり，監査人は意見を限定するかまたは意見を表明しないことを検討することになります。

参考までに，日本公認会計士協会が示す「経営者確認書」の記載例を紹介します。

金融商品取引法に基づく監査の経営者確認書（連結財務諸表）の記載例

×年×月×日

○○監査法人
指定社員
業務執行社員　　公認会計士　○○○○　殿

○○○○株式会社
代表取締役　　　　　（署名）
（又は記名捺印）
財務・経理担当取締役　（署名）
（又は記名捺印）

本確認書は，当社の有価証券報告書に含まれる×年×月×日から×年×月×日までの第×期事業年度の財務諸表及び同期間の連結会計年度の連結財務諸表（以下，「財務諸表等」という。）が，我が国において一般に公正妥当と認められる企業会計の基準に準拠して，すべての重要な点において適正に表示しているかどうかについて貴監査法人が意見を表明するに際して提出するものです。私たちは，下記のとおりであることを確認します。

記

財務諸表

1．私たちは，×年×月×日付けの（×年×月期に係る）監査契約書に記載されたとおり，我が国において一般に公正妥当と認められる企業会計の基準並びに財務諸表等の用語，様式及び作成方法に関する規則及び連結財務諸表の用語，様式及び作成方法に関する規則（以下「財務諸表等規則等」という。）に準拠して財務諸表等を作成する責任を果たしました。財務諸表等は，我が国において一般に公正妥当と認められる企業会計の基準及び財務諸表等規則等に準拠して財政状態，経営成績及びキャッシュ・フローの状況を適正に表示しております。

2．不正又は誤謬による重要な虚偽表示のない財務諸表等を作成するために，経営者が必要と判断する内部統制を整備及び運用する責任は経営者にあることを承知しております。
3．時価による測定を含め，会計上の見積りを行うに際して使用した重要な仮定は，合理的であると判断しております。
4．関連当事者との関係及び取引は，我が国において一般に公正妥当と認められる企業会計の基準及び財務諸表等規則等に準拠して適切に処理し，かつ注記しております。
5．……（以下，略）

提供する情報
9．貴監査法人に以下を提供いたしました。
(1) 記録，文書及びその他の事項等，財務諸表等の作成に関連すると認識している全ての情報を入手する機会
(2) 本日までに開催された株主総会及び取締役会の議事録並びに重要な稟議書
(3) 貴監査法人から要請のあった監査のための追加的な情報
(4) 監査証拠を入手するために必要であると貴監査法人が判断した，当社の役員及び従業員への制限のない質問や面談の機会
……（以下，略）

以上

出所：日本公認会計士協会　監査基準委員会報告書580「経営者確認書」より参照。なお紙面の関係上，一部省略している。

8 監査調書とは？

監査人は，監査計画やそれにもとづいて実施した監査の内容，監査人の判断の過程や結果を**監査調書**として記録しなければなりません。

監査調書は，監査人が一般に公正妥当と認められる監査の基準に準拠して，職業的専門家としての正当な注意を払い，職業的懐疑心を保持して監査を実施したことや，十分かつ適切な監査証拠にもとづいて財務諸表に関する監査意見を形成したことを立証するための資料となります。

監査調書には，例えば監査手続書，分析表，監査上検討した事項の説明，重要な事項の要約，確認状や経営者確認書，チェックリスト，および重要な事項に関するやりとりを示した文書（電子メールを含む）などが含まれます（監基報230Ⅲ適用指針Ａ３）。

そして監査人が監査調書を作成する目的として，次の６つが挙げられます（監基報230第３項）。

①　監査計画を策定する及び監査を実施する際の支援とすること
②　監査責任者が，品質管理の実務指針に従って，指示，監督及び査閲を実施する際の支援とすること
③　実施した作業の説明根拠にすること
④　今後の監査に影響を及ぼす重要な事項に関する記録を保持すること
⑤　品質管理の基準に準拠し，監査業務に係る審査及び監査業務の定期的な検証の実施を可能にすること
⑥　法令等に基づき実施される外部による検査の実施を可能にすること

CHAPTER 7

監査報告

1　監査報告書の分類
2　監査上の主要な検討事項について
3　監査報告書の記載区分
4　二重責任の原則
5　実施した監査の概要
6　監査意見の種類
7　監査報告書の情報提供機能～追記情報
8　継続企業（ゴーイング・コンサーン）の前提に関する監査
9　その他の記載内容
10　会社法監査における監査報告書

財務諸表監査は，監査結果を利害関係者に報告すること，つまり監査報告書を作成し，公表することで終わります。

監査報告書は，単に監査人の監査意見を表明する手段であるだけでなく，監査人自身の**監査意見に対する責任を正式に認める手段**でもあります。したがって，その記載内容については十分留意しなければなりません。

監査報告書の本質は，一般的には**監査意見を表明するための報告書**，言い換えれば**オピニオン・レポート**（opinion report）であると理解されています。

ただし，現在のわが国の財務諸表監査制度では，後に説明する追記情報のような，**利害関係者への情報提供**といった監査実務が存在しているために，監査報告書は**インフォメーション・レポート**（information report）としても機能していると考えられています。

1 監査報告書の分類

監査報告書は，利用目的によって**短文式監査報告書**と**長文式監査報告書**に分類されます。

短文式監査報告書は，一般投資者に向けて公表することが意図されているために，**形式を標準化しており，わかりやすく簡潔明瞭に記載**することが要求されています。

それに対して，長文式監査報告書は，特定の目的で（例えば，M＆Aのため），**依頼された監査契約にもとづいて行われた詳細な監査報告書**となります。

わが国を含めて，国際的に採用されてきた従来の監査報告書は，短文式の監査報告書でした。短文式報告書については，かねてより監査意見に至る監査のプロセスに関する情報が十分に提供されず，監査の内容が見えにくいなどの指摘がされてきました。

このような中，いわゆるサブプライムローン問題（20頁参照）に端を発する世界的な金融危機を契機として，監査の信頼性を確保するための取組みの１つとして，監査意見を簡潔明瞭に記載する枠組みは基本的に維持しつつ，監査プロセスの透明性を向上させるために，**監査人が財務諸表監査において特に重要であると判断した事項**（以下，「**監査上の主要な検討事項（Key Audit Matters：KAM）**」という。）を監査報告書に記載することとなりました。

2 監査上の主要な検討事項について

監査報告書における「監査上の主要な検討事項」の記載は，財務諸表利用者に対して，監査人が実施した監査の内容に関する情報を提供するものであって，監査報告書における監査意見の位置づけを変更するものではありません。したがって，監査報告書における「監査上の主要な検討事項」の記載は，監査意見とは明確に区別しなければならないとされています。

では，「監査上の主要な検討事項」はどのように決定されるのでしょうか。

▷▷(1) 「監査上の主要な検討事項」の決定

監査人は，**監査の過程で監査役等と協議した事項**のうち，①特別な検討を必要とするリスクが識別された事項，または重要な虚偽表示のリスクが高いと評価された事項，②見積りの不確実性が高いと識別された事項を含め，経営者の重要な判断を伴う事項に対する監査人の判断の程度，③当年度において発生した重要な事象または取引が監査に与える影響等を考慮した上で，**特に注意を払った事項**を決定し，その中からさらに当年度の財務諸表監査において，職業的専門家として特に重要であると判断した事項を絞り込んで，「監査上の主要な検討事項」を決定します。以下の図はその流れを示したものです。

監査上の主要な検討事項の決定プロセス

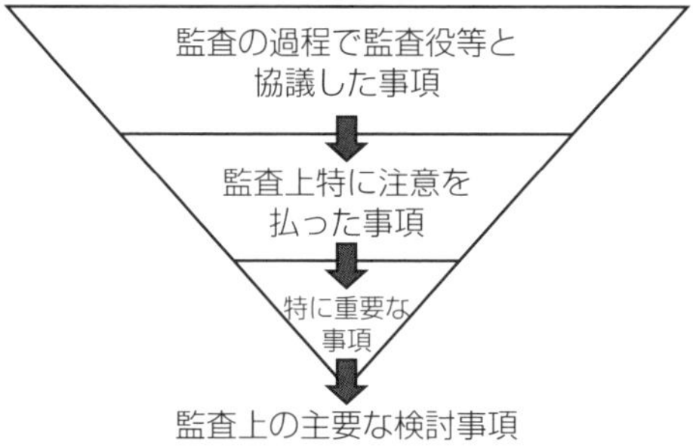

出所：監査基準委員会研究報告第６号「監査報告書に係るＱ＆Ａ」（公開草案）Ｑ２－２に一部加筆。

▷▷(2)「監査上の主要な検討事項」の記載内容

そして監査人は，「監査上の主要な検討事項」であると決定した事項について，監査報告書に「監査上の主要な検討事項」という区分を設けて，関連する財務諸表における開示がある場合には，その開示への参照を付した上で，以下のことを記載します。

監査上の主要な検討事項の記載内容

・「監査上の主要な検討事項」の内容
・監査人が当年度の財務諸表の監査における特に重要な事項であると考え，「監査上の主要な検討事項」であると決定した理由
・監査における監査人の対応

「監査上の主要な検討事項」の記載を有意義なものにするために，監査人は財務諸表監査の過程を通じて，監査役等と適切な連携を図り，監査人が監査役等に報告する内容を基礎として，財務諸表監査に固有の情報を記載することが重要であるとされます。また財務諸表利用者にとっても有用なものとなるように，監査人は，過度に専門的な用語の使用を控え，わかりやすく記載することが求められています。

3 監査報告書の記載区分

わが国では2010（平成22）年の監査基準の改訂にともなって，監査報告書の記載区分を，①監査の対象，②経営者の責任，③監査人の責任，④監査人の意見に区分したうえで，①監査の対象以外については，それぞれ見出しを付して明瞭に表示することが求められていました。これは，国際監査基準の**明瞭性（クラリティ）プロジェクト**による改正に対応して，わが国の監査基準と国際監査基準（International Standards on Auditing：ISA）との差異を調整する目的で行われました。

【コラム】明瞭性（クラリティ）プロジェクト

以前の国際監査基準（ISA）は，要求事項と説明事項が明確でなかったり，それらが基準の中で混在したり，基準が冗長であったりと問題点が指摘されていました。そこで，すべての基準を必須手続とそれ以外の手続に明確に区分することなどを内容とする明瞭性（クラリティ）プロジェクトが行われ，2009（平成21）年３月に完了しています。クラリティ版のISAでは，①目的を記載する，②要求事項と適用指針およびその他の説明質料に分けて記載しています。

また同改訂では，監査人による監査意見の形成過程そのものは変わりませんが，意見に関する除外および監査範囲の制約については，「**重要性**」と「**広範性**」という２つの要素から判断が行われることとなりました。これについては，後述します（186頁参照）。

先に述べたように，2018（平成30）年の監査基準の改訂において，監査報告書における「監査上の主要な検討事項」の記載を求めるとともに，監査報告書には，冒頭に「監査意見」を記載し，新たに「監査意見の根拠」を記載し，その次に「監査上の主要な検討事項」の記載，ついで「経営者および監査役等の責任」，そして「監査人の責任」の記載といった順で記載することが求められています。

次に掲げるのは，金融商品取引法監査における監査報告書のひな型（短文式監査報告書）です。ここでは，被監査会社が監査役会設置会社で，監査人が有限責任監査法人の場合で，かつ指定証明であるときの，無限定適正意見を表明している場合を示しています。ひな型の中の下線部①，②については後の節で詳述しています。

金融商品取引法監査における監査報告書

<u>独立監査人の監査報告書</u>

×年×月×日

○○株式会社
　取締役会　御中

○○有限責任監査法人
○○事務所

指定有限責任社員
業務執行社員　公認会計士　○○○○　印

指定有限責任社員
業務執行社員　公認会計士　○○○○　印

監査意見

当監査法人は，金融商品取引法第193条の２第１項の規定に基づく監査証明を行うため，「経理の状況」に掲げられている○○株式会社の×年×月×日から×年×月×日までの連結会計年度の連結財務諸表，すなわち，連結貸借対照表，連結損益計算書，連結包括利益計算書，連結株主資本等変動計算書，連結キャッシュ・フロー計算書，連結財務諸表作成のための基本となる重要な事項，その他の注記及び連結附属明細表について監査を行った。

当監査法人は，上記の連結財務諸表が我が国において一般に公正妥当と認められる企業会計の基準に準拠して，○○株式会社及び連結子会社の×年×月×日現在の財政状態並びに同日をもって終了する連結会計年度の経営成績及びキャッシュ・フローの状況を，すべての重要な点において適正に表示しているものと認める。

監査意見の根拠

当監査法人は，我が国において一般に公正妥当と認められる監査の基準に準拠して監査を行った。監査の基準における当監査法人の責任は，「連結財務諸表監査における監査人の責任」に記載されている。当監査法人は，我が国における職業倫理に関する規定に従って，会社から独立しており，また，監査人としてのその他の倫理上の責任を果たしている。当監査法人は，①意見表明の基礎となる十分かつ適切な監査証拠を入手したと判断している。

継続企業の前提に関する事項（該当する場合に記載）

（197ページ参照）

監査上の主要な検討事項

監査上の主要な検討事項とは，当連結会計年度の連結財務諸表の監査において，監査人が職業的専門家として特に重要であると判断した事項である。監査上の主要な検討事項は，連結財務諸表全体に対する監査の実施過程及び監査意見の形成において対応した事項であり，当監査法人は，当該事項に対して個別に意見を表明するものではない。

［監査基準委員会報告書701に従った監査上の主要な検討事項の記載］

その他の記載内容

（208ページ参照）

追記情報（該当する場合に記載）

（194ページ参照）

連結財務諸表に対する経営者並びに監査役及び監査役会の責任

経営者の責任は，我が国において一般に公正妥当と認められる企業会計の基準に準拠して連結財務諸表を作成し適正に表示することにある。これには，不正又は誤謬による重要な虚偽表示のない連結財務諸表を作成し適正に表示するために経営者が必要と判断した内部統制を整備及び運用することが含まれる。

連結財務諸表を作成するに当たり，経営者は，継続企業の前提に基づき連結財務諸表を作成することが適切であるかどうかを評価し，我が国において一般に公正妥当と認められる企業会計の基準に基づいて継続企業に関する事項を開示する必要がある場合には当該事項を開示する責任がある。

監査役及び監査役会の責任は，財務報告プロセスの整備及び運用における取締役の職務の執行を監視することにある。

連結財務諸表監査における監査人の責任

監査人の責任は，監査人が実施した監査に基づいて，全体としての連結財務諸表に不正又は誤謬による重要な虚偽表示がないかどうかについて②合理的な保証を得て，監査報告書において独立の立場から連結財務諸表に対する意見を表明することにある。虚偽表示は，不正又は誤謬により発生する可能性があり，個別に又は集計すると，連結財務諸表の利用者の意思決定に影響を与えると合理的に見込まれる場合に，重要性があると判断される。

監査人は，我が国において一般に公正妥当と認められる監査の基準に従って，監査の過程を通じて，職業的専門家としての判断を行い，職業的懐疑心を保持して以下を実施する。

- 不正又は誤謬による重要な虚偽表示リスクを識別し，評価する。また，重要な虚偽表示リスクに対応した監査手続を立案し，実施する。監査手続の選択又は適用は監査人の判断による。さらに，意見表明の基礎となる十分かつ適切な監査証拠を入手する。
- 連結財務諸表監査の目的は，内部統制の有効性について意見表明するためのものではないが，監査人は，リスク評価の実施に際して，状況に応じて適切な監査手続を立案するために，監査に関連する内部統制を検討する。
- 経営者が採用した会計方針及びその適用方法の適切性，並びに経営者によって行われた会計上の見積りの合理性及び関連する注記事項の妥当性を評価する。

・経営者が継続企業を前提として連結財務諸表を作成することが適切であるかどうか，また，入手した監査証拠に基づき，継続企業の前提に重要な疑義を生じさせるような事象又は状況に関して重要な不確実性が認められるかどうか結論付ける。継続企業の前提に関する重要な不確実性が認められる場合は，監査報告書において連結財務諸表の注記事項に注意を喚起すること，又は重要な不確実性に関する財務諸表の注記事項が適切でない場合は，連結財務諸表に対して除外事項付意見を表明することが求められている。監査人の結論は，監査報告書日までに入手した監査証拠に基づいているが，将来の事象や状況により，企業は継続企業として存続できなくなる可能性がある。
・連結財務諸表の表示及び注記事項が，我が国において一般に公正妥当と認められる企業会計の基準に準拠しているかどうかとともに，関連する注記事項を含めた連結財務諸表の表示，構成及び内容，並びに連結財務諸表が基礎となる取引や会計事象を適正に表示しているかどうかを評価する。
・連結財務諸表に対する意見を表明するために，会社及び連結子会社の財務情報に関する十分かつ適切な監査証拠を入手する。監査人は，連結財務諸表の監査に関する指示，監督及び実施に関して責任がある。監査人は，単独で監査意見に対して責任を負う。

監査人は，監査役及び監査役会に対して，計画した監査の範囲とその実施時期，監査の実施過程で識別した内部統制の重要な不備を含む監査上の重要な発見事項，及び監査の基準で求められているその他の事項について報告を行う。

監査人は，監査役及び監査役会に対して，独立性についての我が国における職業倫理に関する規定を遵守したこと，並びに監査人の独立性に影響を与えると合理的に考えられる事項，及び阻害要因を除去又は軽減するためにセーフガードを講じている場合はその内容について報告を行う。

監査人は，監査役及び監査役会と協議した事項のうち，当事業年度の連結財務諸表の監査で特に重要であると判断した事項を監査上の主要な検討事項と決定し，監査報告書において記載する。ただし，法令等により当該事項の公表が禁止されている場合や，極めて限定的ではあるが，監査報告書において報告することにより生じる不利益が公共の利益を上回ると合理的に見込まれるため，監査人が報告すべきでないと判断した場合は，当該事項を記載しない。

利害関係

　会社及び連結子会社と当監査法人又は業務執行社員との間には，公認会計士法の規定により記載すべき利害関係はない。

以　上

出所：日本公認会計士協会　監査・保証実務委員会実務指針第85号「監査報告書の文例」一部加筆。

▷▷(1)　表題について

監査報告書には，金融商品取引法にもとづいて作成される監査報告書と会社法にもとづいて作成される監査報告書（210頁参照）があります。

監査報告書には，独立監査人の報告書であることを明瞭に示す表題を付さなければなりません（監基報700第19項）。

「独立の」という語を使用することで，監査報告書利用者に対して，**監査人の独立性を簡潔・明瞭に想起させる**ことができます。そこで，このような表題をつけているのです。

▷▷(2)　日付について

監査意見は，前述のように監査人の責任問題に関係します。そこで，監査報告書の日付は，監査人が財務諸表監査に対する意見表明の基礎となる十分かつ適切な監査証拠を入手した日よりも前の日付を付してはなりません（監基報700第44項）。

▷▷(3)　宛先について

監査報告書には，契約内容に応じた宛先を記載しなければなりません（監基報700第20項）。

通常は，**監査報告書の提出先である取締役会**となります（監基報700Ａ21項）。

▷▷(4)　業務執行社員の署名・押印

金融商品取引法監査では，監査報告書を作成した公認会計士または監査法人の代表者と監査証明に係る業務を執行した者を**業務執行社員**と呼び，その者が自署の上で，自己の印を押さなければなりません（監査証明府令第４条第１項）。

2007（平成19）年６月27日に公布された改正公認会計士法では，社員が出資額を限度として債務を弁済する責任を負う，有限責任組織形態の監査法人（以下，「**有限責任監査法人**」といいます。）が創設されました。

有限責任監査法人では，すべての証明について，各証明ごとに１人または数人の業務を担当する社員（特定社員を除きます。）を指定しなければなりません。

そして，指定された証明には，**指定を受けた社員のみが業務を執行する権利を有し，義務を負う**こととされています（公認会計士法第34条の10の５第１項，第２項）。

4　二重責任の原則

監査報告書には，経営者および監査役等の責任と監査人の責任を，それぞれ見出しを付けて記載します。ひな型では連結財務諸表の場合を表します。

経営者の責任として，連結財務諸表をわが国において一般に公正妥当と認められる企業会計の基準に準拠して作成し，適正に表示していることと，自社の内部統制を整備・運用する責任を記載しています。

財務諸表は，監査人が作成するものではありません。「**自己証明は証明にあらず**」と言われるように，自分で作成した財務諸表を監査することはできません。

したがって，財務諸表の作成責任は，その会社の経営者にあるのです。では，監査人には何に対する責任があるのでしょうか。それは，自己の表明する監査意見です。

このように，経営者の責任は，自社の財務諸表の作成責任であり，監査人の責任は自己の表明する監査意見であるというように，互いの責任を区別する考え方を**二重責任の原則**といいます。

二重責任の原則は，監査論における非常に重要な考え方です。

KEYWORD

二重責任の原則

被監査会社の経営者には，自社の財務諸表に対して作成責任があります。

一方，監査人には監査人自身が表明する監査意見に責任があります。このように，経営者の責任と監査人の責任を区別する考え方を二重責任の原則といいます。

5 実施した監査の概要

さらに監査人の責任の区分では，実施した監査の概要も記載します。

つまり，一般に公正妥当と認められる監査基準に準拠して監査を行ったこと，その際に監査人に財務諸表に重要な虚偽の表示がないかどうかの合理的な保証を得ることを求めていること，監査手法としてリスク・アプローチによって監査が行われたこと，監査が財務諸表全体に対して行われたこと，および監査意見表明の基礎となる十分かつ適切な監査証拠を得たことを記載します。

▷▷(1)「一般に公正妥当と認められる監査の基準」について

「一般に公正妥当と認められる監査の基準」とは，具体的に何を指すのでしょうか。それは，監査基準，日本公認会計士協会の指針（監査実務指針）です。

監査実務指針は，監査および監査に関する品質管理に関して，日本公認会計士協会に設置されている各委員会が報告書または実務指針の名称で公表するものが該当します。

監査実務委員会報告書は，企業会計審議会が公表する監査基準を実務に適用するために具体的・詳細に規定したものであり，監査実務指針の中核をなすものです（監基報（序）２項）。

このように監査報告書において，これらの基準や実務指針に準拠して，財務諸表監査が実施されたことを明記することによって，利害関係者に対しては，一定水準の財務諸表監査が実施されたことを保証し，監査人の立場では，実施した財務諸表監査に対する責任を負うことを示しています。

▷▷(2)　下線部①：意見表明の基礎

監査人が，自己の監査意見を表明するには，その“根拠”を持つ必要があります。この“根拠”になるものを，「**意見表明の基礎**」と呼んでいます。

監査人は，自己の表明する監査意見に責任がありますので，監査手続を実施し，監査要点を立証するために，十分かつ適切な監査証拠が収集できない限り，自己の監査意見を表明することはありません。

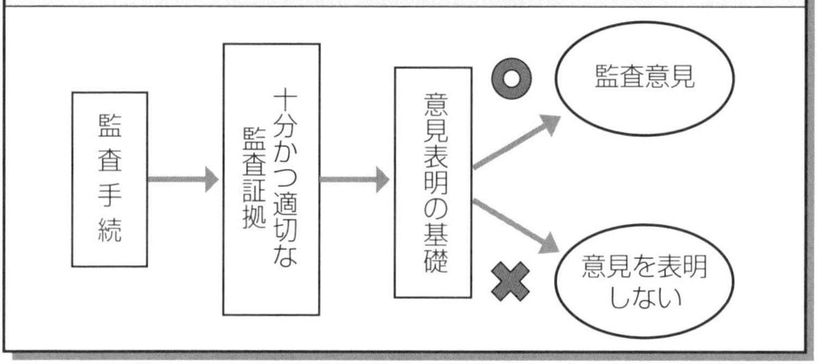

監査意見が形成されるまで

▷▷(3)　下線部②：「合理的な保証」の意味

監査人は，監査基準に準拠して，財務諸表に重要な虚偽の表示がないかどうかの合理的な保証を得るために，財務諸表監査を行っています。

ここでいう，「**合理的な保証**」とは，財務諸表監査が，100%といった絶対的な保証ではなく，「合理的な保証」を得ていることを示しています。この「合理的な保証」を得ることになるのは，次のような要因のためです。

1つ目は，財務諸表それ自体の性格的な特徴です。

財務諸表は，**「記録と慣習と判断の総合的表現」**と言われることからも明らかなように，財務諸表自体は相対的な性格を有しており，経営者による見積りの要素が多く含まれています。それゆえに，監査人が財務諸表に対して**絶対的な保証をすることは困難**なのです。

2つ目は，財務諸表監査は，**試査**（抜き取り検査）により行われるという，財務諸表監査の特質による制約が考えられます（試査については35頁を参照して下さい。）。

以上のことから，財務諸表監査は，「絶対的」ではなく，「合理的」な保証を与えるに過ぎません。とはいえ，「合理的な保証」の保証の程度が低ければ意味がありません。

つまり，「合理的な保証」を得たとは，絶対的ではないけれども，**相当程度に高い心証を得た**ことを意味しているとされています。

6 監査意見の種類

次に監査意見にはどのような種類があるのでしょうか。監査意見は，次のように分類されます。

監査意見の種類

- 監査意見
  - 適正意見
    - 無限定適正意見
    - 限定付適正意見
  - 不適正意見
  - 意見不表明（意見を表明しない）

無限定適正意見とは，監査手続を実施した結果，監査人が**財務諸表の適正性に関して問題がない**と判断した場合に表明する監査意見です。

無限定適正意見の場合，監査人の意見区分には以下のように記載されます。

無限定適正意見の場合

監査意見

当監査法人は，上記の連結財務諸表が，我が国において一般に公正妥当と認められる企業会計の基準に準拠して，③○○株式会社及び連結子会社の×年×月×日現在の財政状態並びに同日をもって終了する連結会計年度の経営成績及びキャッシュ・フローの状況をすべての重要な点において適正に表示しているものと認める。

出所：日本公認会計士協会　監査・保証実務委員会実務指針第85号「監査報告書の文例」一部加筆。

▷▷(1)　下線部③：財務諸表の適正性

ここで，下線部③にあるように，財務諸表監査では，財務諸表が適正に表示されていることを証明します。

では，この財務諸表が適正に表示されていること，つまり財務諸表の適正性とは，一体どのような概念なのでしょうか。

一般に，財務諸表の適正性とは，被監査会社の財務諸表が**一般に公正妥当と認められる企業会計の基準**（Generally Accepted Accounting Principles：GAAPといいます。）に準拠して，財政状態，経営成績およびキャッシュ・フローの状況を**すべての重要な点において適正に表示**していること（財務諸表の適正表示）を示しています。

財務諸表の適正性について，**GAAP準拠性**以外にも他に構成要素となりうるものがあるかについて，議論がなされてきましたが，現在では，財務諸表の適正性＝GAAP準拠性と考えられています。

CHECK POINT

財務諸表監査における適正性とは，通常，財務諸表が一般に公正妥当と認められる企業会計の基準（Generally Accepted Accounting Principles：GAAPという。）に準拠していること，つまりGAAP準拠性を示しています。

財務諸表の適正性は，「**期待ギャップ（Expectation Gap）**」問題にも関連します。

「期待ギャップ問題」とは，公認会計士（監査法人）が行う**財務諸表監**

査に対する社会の期待と，現実に行われている財務諸表監査との間に食い違い（ギャップ）が存在することをいいます。

例えば，ある上場会社が粉飾決算をしたとします。その場合，社会一般の人々は，公認会計士（監査法人）が財務諸表監査を行っているのだから，なぜその粉飾が見抜けなかったのだろうかと思うでしょう。

一部の人たちは，財務諸表監査は，被監査会社の財務諸表に全く不正や誤謬《ごびゅう》がないことを公認会計士（監査法人）が証明しているものだと考えるかもしれません。

しかし，実際に公認会計士（監査法人）が行っている財務諸表監査は，「**財務諸表には，全体として重要な虚偽表示はない**」ということを示しているのであって，100％の水準で，絶対に不正や誤謬がないということを証明しているわけではないのです。

その意味で，財務諸表の適正性の意味内容を「**すべての重要な点において適正に表示している**」と監査報告書に記載することは，上述のような期待ギャップを解消する役割も果たしているといえるでしょう。

さて，監査人が財務諸表の適正性を判断するさいには，**実質的に判断する**こと（**実質判断**）が求められています。

これは，2002（平成14）年に監査基準が改訂された際に，従来の財務諸表の適正表示に関する監査人の判断が，GAAP準拠性を形式的に判断することに陥りがちだったことを改善するために，考慮されることになりました。

2002（平成14）年改訂監査基準「前文」によれば，監査人は，経営者が採用した会計方針がGAAPに準拠し，単に継続的に適用されているかどうかのみでなく，その会計方針の選択や適用方法が，会計事象や取引の実態を適切に反映するものであるかどうかを判断したうえで，財務諸表における表示が財務諸表利用者に理解されるために適切であるかどうかについても評価しなければならないと規定されています。

実質判断

監査人が財務諸表の適正性を判断するさいには，実質判断が求められます。実質判断では，経営者が採用した会計方針がGAAPに準拠し，継続的に適用されていることのみならず，会計方針の選択や適用方法が会計事象や取引の実態を適切に反映するものであるかどうかを判断しなければなりません。

▷▷(2)　除外事項を付した限定付適正意見

上述のように，無限定適正意見とは，監査人が十分かつ適切な監査証拠を入手し，意見表明の基礎を得て，財務諸表の適正性に関して問題がないと表明する監査意見です。

実際には，多くの会社の財務諸表監査でこの「**無限定適正意見**」が表明されていますが，無限定適正意見を表明できない原因となる事項（**除外事項**）が生じることもあります。

「**除外事項を付した限定付適正意見**」とは，わかりやすく言えば，「除外事項」という条件は付くものの，**それ以外の部分は適正意見**であるということを示している監査意見です。

除外事項が付された意見は，そのような意見を表明する原因の性質と，それが財務諸表に及ぼす影響の範囲，または及ぼす可能性のある影響の範囲が広範かどうか（**重要性**と**広範性**）という監査人の判断によって，以下の表のように分類されます（監基報705A 1項）。

除外事項付意見を表明する原因の性質	除外事項付意見を表明する原因となる事項が財務諸表に及ぼす影響の範囲，又は及ぼす可能性のある影響の範囲が広範なものかどうかという監査人の判断	
	重要だが広範でない	重要かつ広範である
財務諸表に重要な虚偽表示がある	①　限定付適正意見	③　不適正意見
十分かつ適切な監査証拠が入手できず，重要な虚偽表示の可能性がある	②　限定付適正意見	④　意見不表明

出所：日本公認会計士協会　監査・保証実務委員会実務指針第85号「監査報告書の文例」，44頁。

以下では，表で挙げた①から④のケースについて具体的な監査報告書の記載例をみていきます。

①のケース：重要な虚偽表示による限定付適正意見

表の①では，連結財務諸表に重要な虚偽表示があるが，その影響が広範ではないと認められ，連結財務諸表を全体として虚偽表示に当たるとするほどではないと判断するケースで，除外事項を付した限定付適正意見を表明しなければなりません。この場合，別に区分を設けて，除外した不適切な事項および財務諸表に与えている影響を記載します（「監査基準」第四報告基準四　意見に関する除外参照）。

監査報告書の文例としては，次のようになります（別に区分を設けた部分が矢印の部分です。）。

重要な虚偽表示による限定付適正意見の例

限定付適正意見

当監査法人は，金融商品取引法第193条の２第１項の規定に基づく監査証明を行うため，「経理の状況」に掲げられている○○株式会社の×年×月×日から×年×月×日までの連結会計年度の連結財務諸表，すなわち，連結貸借対照表，連結損益計算書，連結包括利益計算書，連結株主資本等変動計算書，連結キャッシュ・フロー計算書，連結財務諸表作成のための基本となる重要な事項，その他の注記及び連結附属明細表について監査を行った。

当監査法人は，上記の連結財務諸表が，「限定付適正意見の根拠」に記載した事項の連結財務諸表に及ぼす影響を除き，我が国において一般に公正妥当と認められる企業会計の基準に準拠して，○○株式会社及び連結子会社の×年×月×日現在の財政状態並びに同日をもって終了する連結会計年度の経営成績及びキャッシュ・フローの状況をすべての重要な点において適正に表示しているものと認める。

限定付適正意見の根拠

会社は，……について，……ではなく，……により計上している。我が国において一般に公正妥当と認められる企業会計の基準に準拠していれば，……を計上することが必要である。この結果，営業利益，経常利益及び税金等調整前当期純利益はそれぞれ×××百万円過大に表示され，当期純利益は△△△百万円過大に表示されている(注)。

当監査法人は，我が国において一般に公正妥当と認められる監査の基準に準拠して監査を行った。監査の基準における当監査法人の責任は，「連結財務諸表監査における監査人の責任」に記載されている。当監査法人は，我が国における職業倫理に関する規定に従って，会社及び連結子会社から独立しており，また，監査人としてのその他の倫理上の責任を果たしている。当監査法人は，限定付適正意見表明の基礎となる十分かつ適切な監査証拠を入手したと判断している。

監査上の主要な検討事項

（以下，略）

（注）重要な虚偽表示に関する金額的な影響額については，連結損益計算書又は連結損益及び包括利益計算書の各区分損益項目以外にも，第31項に基づき，連結財務諸表に重要な影響を及ぼすと考えられるその他の重要な項目についても適宜記載する。

出所：日本公認会計士協会　監査・保証実務委員会実務指針第85号「監査報告書の文例」一部加筆。

②のケース：監査範囲の制約による限定付適正意見

②のケースは，監査人が重要な監査手続を実施できず，十分かつ適切な監査証拠を入手することができなかったが，連結財務諸表に及ぼす可能性のある影響は，重要ではあるが広範ではないと認められ，連結財務諸表に対する意見表明ができないほどではないと判断された場合です。

例えば，監査人が選任されるよりも前に被監査会社で実地棚卸がされ，立会ができない，事業所等の重要な会計記録が災害等で消滅した，会社の内部統制に不備があり，会計記録が保存されていない，あるいは監査証拠の提供などを拒否されるといったことが挙げられます。

この場合の監査報告書の文例は，次のとおりです。

監査範囲の制約による限定付適正意見の例

限定付適正意見

当監査法人は，金融商品取引法第193条の２第１項の規定に基づく監査証明を行うため，「経理の状況」に掲げられている○○株式会社の×年×月×日から×年×月×日までの連結会計年度の連結財務諸表，すなわち，連結貸借対照表，連結損益計算書，連結包括利益計算書，連結株主資本等変動計算書，連結キャッシュ・フロー計算書，連結財務諸表作成のための基本となる重要な事項，その他の注記及び連結附属明細表について監査を行った。

当監査法人は，上記の連結財務諸表が，「限定付適正意見の根拠」に記載した事項の連結財務諸表に及ぼす影響を除き，我が国において一般に公正妥当と認められる企業会計の基準に準拠して，○○株式会社及び連結子会社の×年×月×日現在の財政状態並びに同日をもって終了する連結会計年度の経営成績及びキャッシュ・フローの状況をすべての重要な点において適正に表示しているものと認める。

限定付適正意見の根拠

会社は，……している。当監査法人は，……できなかったため，……について，十分かつ適切な監査証拠を入手することができなかった。

したがって，当監査法人は，これらの金額に修正が必要となるかどうかについて判断することができなかった。

当監査法人は，我が国において一般に公正妥当と認められる監査の基準に準拠して監査を行った。監査の基準における当監査法人の責任は，「連結財務諸表監査における監査人の責任」に記載されている。当監査法人は，我が国における職業倫理に関する規定に従って，会社及び連結子会社から独立しており，また，監査人としてのその他の倫理上の責任を果たしている。当監査法人は，限定付適正意見表明の基礎となる十分かつ適切な監査証拠を入手したと判断している。

監査上の主要な検討事項

（以下，略）

出所：日本公認会計士協会　監査・保証実務委員会実務指針第85号「監査報告書の文例」一部加筆

③のケース：不適正意見

監査人は，連結財務諸表に重要な虚偽表示があり，その影響が広範であると認められ，連結財務諸表を全体として虚偽表示に当たると判断した場合，不適正である旨の意見を表明します。これを不適正意見と呼んでいます。不適正意見を表明する場合には，別に区分を設けて，財務諸表が不適正であるとした理由を記載しなければなりません。

不適正意見の監査報告書の文例は次のとおりです。

不適正意見の例

不適正意見

当監査法人は，金融商品取引法第193条の２第１項の規定に基づく監査証明を行うため，「経理の状況」に掲げられている○○株式会社の×年×月×日から×年×月×日までの連結会計年度の連結財務諸表，すなわち，連結貸借対照表，連結損益計算書，連結包括利益計算書，連結株主資本等変動計算書，連結キャッシュ・フロー計算書，連結財務諸表作成のための基本となる重要な事項，その他の注記及び連結附属明細表について監査を行った。

当監査法人は，上記の連結財務諸表が，「不適正意見の根拠」に記載した事項の連結財務諸表に及ぼす影響の重要性に鑑み，我が国において一般に公正妥当と認められる企業会計の基準に準拠して，

○○株式会社及び連結子会社の平成×年×月×日現在の財政状態並びに同日をもって終了する連結会計年度の経営成績及びキャッシュ・フローの状況を適正に表示していないものと認める。

不適正意見の根拠

会社は，……について，……ではなく，……により計上している。我が国において一般に公正妥当と認められる企業会計の基準に準拠していれば，……を計上することが必要である。この結果，営業利益，経常利益及び税金等調整前当期純利益はそれぞれ×××百万円過大に表示され，当期純利益は，△△△百万円過大に表示されている(注)。

当監査法人は，我が国において一般に公正妥当と認められる監査の基準に準拠して監査を行った。監査の基準における当監査法人の責任は，「連結財務諸表監査における監査人の責任」に記載されている。当監査法人は，我が国における職業倫理に関する規定に従って，会社及び連結子会社から独立しており，また，監査人としてのその他の倫理上の責任を果たしている。当監査法人は不適正意見表明の基礎となる十分かつ適切な監査証拠を入手したと判断している。

監査上の主要な検討事項

（以下，略）

（注）　重要な虚偽表示に関する金額的な影響額については，連結損益計算書又は連結損益及び包括利益計算書の各区分損益項目以外にも，第31項に基づき，連結財務諸表に重要な影響を及ぼすと考えられるその他の重要な項目についても適宜記載する。

出所：日本公認会計士協会　監査・保証実務委員会実務指針第85号「監査報告書の文例」一部加筆。

④ケース：意見不表明（意見を表明しない）

監査人が，重要な監査手続を実施できないことによって，十分かつ適切な監査証拠が入手できず，そのことによって仮に未発見の虚偽表示があるとすれば，連結財務諸表に及ぼす可能性のある影響が，重要かつ広範であり，連結財務諸表全体に対する意見表明のための基礎を得ることができなかったと判断した場合，意見を表明しません。

例えば，火災によって重要な会計記録を焼失し，実査・立会・確認といった重要な監査手続が実施できなかったために，十分かつ適切な監査証拠が入手できず，自己の監査意見の根拠となる，意見表明の基礎を得ることができなかった場合には，監査意見を表明しないという結論に至ることになります。

意見不表明の文例は，次のとおりです。なお，意見不表明の場合には，監査上の主要な検討事項を記載しません。これは，意見不表明の根拠となった理由以外の事項を「監査上の主要な検討事項」として記載すれば，財務諸表全体に対する意見表明の基礎を得ることができていないにもかかわらず，それを記載することによって部分的に保証しているかのような印象を与えてしまう可能性があるためです。

意見不表明の例

意見不表明

当監査法人は，金融商品取引法第193条の２第１項の規定に基づく監査証明を行うため，「経理の状況」に掲げられている〇〇株式会社の×年×月×日から×年×月×日までの連結会計年度の連結財務諸表，すなわち，連結貸借対照表，連結損益計算書，連結包括利益計算書，連結株主資本等変動計算書，連結キャッシュ・フロー計算書，連結財務諸表作成のための基本となる重要な事項，その他の注記及び連結附属明細表について監査を行った。

当監査法人は，「意見不表明の根拠」に記載した事項の連結財務諸表に及ぼす可能性のある影響の重要性に鑑み，監査意見の基礎を与える十分かつ適切な監査証拠を入手することができなかったため，連結財務諸表に対して意見を表明しない。

意見不表明の根拠

会社の共同支配企業XYZ社に対する投資は，会社の連結貸借対照表上×××百万円で計上されており，これは，×年12月31日現在の会社の純資産の90%超に相当する。当監査法人は，XYZ社の経営者及び監査人とのコミュニケーションが認められず，また，XYZ社の監査人の監査調書の閲覧も認められなかった。その結果，当監査法人は，共同支配企業であるXYZ社の資産，負債及び損益に係る持分相当額，並びに連結株主資本等変動計算書と連結キャッシュ・フロー計算書を構成する数値に修正が必要となるか否かについて判断することができなかった。

連結財務諸表に対する経営者並びに監査役及び監査役会の責任

（省略）

連結財務諸表監査に対する監査人の責任

監査人の責任は，我が国において一般に公正妥当と認められる監査の基準に準拠して監査を実施し，監査報告書において意見を表明することにある。しかしながら，本報告書の「意見不表明の根拠」に記載されているとおり，当監査法人は連結財務諸表に対する意見表明の基礎となる十分かつ適切な監査証拠を入手することができなかった。当監査法人は，我が国における職業倫理に関する規定に従って，会社及び連結子会社から独立しており，また，監査人としてのその他の倫理上の責任を果たしている。

出所：日本公認会計士協会　監査・保証実務委員会実務指針第85号「監査報告書の文例」一部加筆

7 監査報告書の情報提供機能～追記情報

2002（平成14）年に監査基準を改訂したさいに，**追記情報**という記載事項が，監査報告書に導入されました。

追記情報とは，監査報告書において監査意見とは別に情報として追記するもので，強調事項とその他の事項から構成されます。

追記情報は，監査人の表明する監査意見とは明確に区別しなければなりません。そのために，監査報告書の各区分による記載事項とは別に記載することになります。

追 記 情 報
追記情報は，監査人が監査報告書において監査意見とは別に情報として追記するもので，強調事項とその他の事項から構成されます。

監査人が，財務諸表に表示または開示されている事項について，利用者が財務諸表を理解する基礎として重要であり，当該事項を強調して利用者の注意を喚起する必要があると判断し記載した事項を，強調事項といいます。

また，監査人が財務諸表に表示または開示されていない事項について，監査人の責任または監査報告書についての利用者の理解に関連するため説明する必要があると判断し記載した事項を，その他の事項といいます。

追記情報には，次のようなものが挙げられます。

▷▷(1)　会計方針の変更

従来は，正当な理由による会計方針の変更は除外事項とされ，財務諸表に対する意見の表明に含まれていたために，財務諸表利用者に誤解を与える要因となっていました。

そこで，監査意見とは明確に区別される追記情報として記載されることになりました。

追記情報として記載することにより，利害関係者に対して，財務諸表に変更の記載があることを強調する意図があります。

▷▷(2)　重要な偶発事象

偶発事象とは，利益または損失の発生する可能性が不確実な状況が貸借対照表日現在にすでに存在しており，その不確実性が将来事象の発生あるいは発生しないことによって最終的に解消されるものをいいます。

発生の可能性が高く，金額が合理的に見積もれる場合は，引当金を計上しますが，発生の可能性が高く見積りが不可能な場合や，発生の可能性がある程度予想される場合，あるいは低い場合には財務諸表に必要な注記がなされます。これを追記情報として記載することがあります。

▷▷(3)　重要な後発事象

後発事象とは，決算日の翌日から監査報告書作成日までの間に発生した会社の財政状態および経営成績に影響を及ぼすものをいいます。

後発事象には，財務諸表を修正すべきもの（**修正後発事象**）と財務諸表に注記すべきもの（**開示後発事象**）がありますが，追記情報として記載するのは，開示後発事象のうち，その事象が翌事業年度以降の財務諸表に著しく重要な影響を及ぼすものです。

追記することによって，財務諸表の利用者に注意を喚起する意図があります。

8 継続企業（ゴーイング・コンサーン）の前提に関する監査

2002（平成14）年に監査基準が大幅に改訂される以前に，わが国では会社の経営破《は》綻《たん》が相次ぎ，会社が将来にわたって事業活動を継続するという前提について監査人が検討することに対する期待が高まっていました。

国際的にも，当時すでに**継続企業の前提に関して監査人が検討を行う**ことを義務付けている国が多かったことから，2002（平成14）年改訂監査基準に，**継続企業の前提に関する監査**（以下，「**継続企業監査**」といいます。）が盛り込まれることになりました。

2009（平成21）年４月には，企業業績の急激な悪化によって，四半期財務諸表の継続企業の前提に関する注記や監査報告書に追記情報が付される企業が増加するようになりました。

というのも，現行の財務諸表規則や監査基準では，一定の事象や状況が存在すれば直ちに継続企業の前提に関する注記や追記情報の記載をもとめるような規定となっており，実務においても画一的に注記を行うようになったためです。

このようなわが国の実務や規定は，必ずしも国際的な監査の基準と整合性がとれるものではなく，見直しをすることになりました。

継続企業監査

わが国の継続企業監査は，二重責任の原則から，経営者には財務諸表の作成にあたって，継続企業の前提が成立しているかどうかを判断し，継続企業の前提に重要な疑義を生じさせるような事象や状況があり，それらを解消するか改善するための対応をしてもなお，継続企業の前提に関する重要な不確実性が認められるときは，継続企業の前提に関する事項を財務諸表に注記することを求めています。

一方，監査人に対しては，事業継続能力や存続の保証をすることでなく，そのような経営者の開示が適切であるかということを監査することを求めています。

わが国の継続企業監査では，経営者と監査人に以下のようなことを求めています。

▷▷(1)　経営者の責任

経営者は，財務諸表の作成にあたって継続企業の前提が成立しているかどうかを判断し，継続企業の前提に重要な疑義を生じさせるような事象や状況があり，それらを解消するか改善するための対応をしてもなお，継続企業の前提に関する重要な不確実性が認められるときは，継続企業の前提に関する事項を財務諸表に注記し，適切に開示しなければなりません。

継続企業の前提に重要な疑義を生じさせるような事象や状況には，例えば次のようなものが挙げられています。

継続企業の前提に重要な疑義を抱かせる事象又は状況

＜財務指標関係＞
・売上高の著しい減少
・継続的な営業損失の発生又は営業キャッシュ・フローのマイナス
・重要な営業損失，経常損失又は当期純損失の計上
・重要なマイナスの営業キャッシュ・フローの計上
・債務超過

＜財務活動関係＞
・営業債務の返済の困難性
・借入金の返済条項の不履行又は履行の困難性
・社債等の償還の困難性
・新たな資金調達の困難性
・債務免除の要請
・売却を予定している重要な資産の処分の困難性
・配当優先株式に対する配当の遅延又は中止

＜営業活動関係＞
・主要な仕入先からの与信又は取引継続の拒否
・重要な市場又は得意先の喪失
・事業活動に不可欠な重要な権利の失効
・事業活動に不可欠な人材の流出
・事業活動に不可欠な重要な資産の毀損，喪失又は処分
・法令に基づく重要な事業の制約

＜その他＞
・巨額な損害賠償金の負担の可能性
・ブランド・イメージの著しい悪化

出所：日本公認会計士協会　監査・保証実務委員会報告第74号「継続企業の前提に関する開示について」4．継続企業の前提に重要な疑義を生じさせるような事象又は状況。

これらの項目は，単独で破産の原因になるおそれや事業の継続に著しい支障をきたすおそれがあるものもありますが，通常は，**複数の事象や状況が密接に関連して発生**することが多いと考えられています。

あくまでも例示ではありますが，経営者は自社の規模や業種などを考慮し，金額的・質的重要性を加味したうえで，継続企業の前提に重要な疑義を生じさせるような事象や状況なのかどうかを判断することになります。

▷▷(2)　財務諸表の注記の内容について

経営者は継続企業の前提が適切であるかどうかを総合的に評価した結果，貸借対照表日において，単独でまたは複合して継続企業の前提に重要な疑義を生じさせるような事象や状況が存在する場合であって，それらを解消するか改善するための対応をしてもなお，継続企業の前提に関する重要な不確実性が認められるときは，以下の事項を財務諸表に注記します。

財務諸表に注記する事項
①　当該事象又は状況が存在する旨及びその内容
②　当該事象又は状況を解消し，又は改善するための対応策
③　当該重要な不確実性が認められる旨及びその理由
④　財務諸表は継続企業を前提として作成されており，当該重要な不確実性の影響を財務諸表に反映していない旨

出所：日本公認会計士協会　監査・保証実務委員会報告第74号「継続企業の前提に関する開示について」7．継続企業の前提に関する注記。

実際にどのような形式でなされるのかについて，次に文例を掲げます。

継続企業の前提に関する注記の文例〜連結財務諸表の場合〜

> 当グループは，当連結会計年度において，○○百万円の当期純損失を計上した結果，○○百万円の債務超過になっています。当該状況により，継続企業の前提に関する重要な疑義を生じさせるような状況が存在しています。
>
> 連結財務諸表提出会社である当社は，当該状況を解消すべく，○○株式会社に対し，○○億円の第三者割当増資を平成○年○月を目途に計画しています。また，主力金融機関に対しては○○億円の債務免除を要請しております。
> しかし，これらの対応策に関する先方の最終的な意見表明が行われていないため，現時点では継続企業の前提に関する重要な不確実性が認められます。
> なお，連結財務諸表は継続企業を前提として作成しており，継続企業の前提に関する重要な不確実性の影響を連結財務諸表には反映していません。

重要な疑義を生じさせるような状況が存在する場合（第1段落）

経営者が継続企業の前提に関する重要な不確実性を認めると判断した場合（「しかし，…」の段落）

出所：日本公認会計士協会　監査・保証実務委員会報告書第74号「継続企業の前提に関する開示について」付録　継続企業の前提に関する注記の参考文例。

文例の最初の段落には，継続企業の前提に重要な疑義を生じさせるような状況，ここでは**債務超過**に陥っていることが書かれています。

次に中段の段落には，継続企業の前提に重要な疑義を生じさせるような状況を解消あるいは改善するための対応をしても，継続企業の前提に関する不確実性が認められると判断したことが書かれることになります。

▷▷(3)　監査人の責任

わが国の継続企業監査では，監査人に被監査会社の事業能力や存続に関する保証をすることを求めているわけではなく，経営者が実施した合理的な期間（少なくとも貸借対照表日の翌日から１年間）にわたる継続企業の前提に関する評価について監査し，その監査意見について責任を持つことになります。

監査人は，経営者による継続企業の前提に関する評価において，継続企業の前提に重要な疑義を生じさせるような事象または状況が存在するかを確認し，存在すると判断した場合，その事象や状況に関して合理的な期間について経営者が行った評価および対応策について検討します。

監査人は，継続企業の前提に重要な疑義を生じさせるような事象や状況を識別するためには，分析的手続を実施したり，後発事象の検討や借入金等に係る契約事項への準拠性の検討などを行います。

さて，ここで継続企業の前提に関する監査意見は，次の図のようなバリエーションとなります。

継続企業の前提に関する監査意見

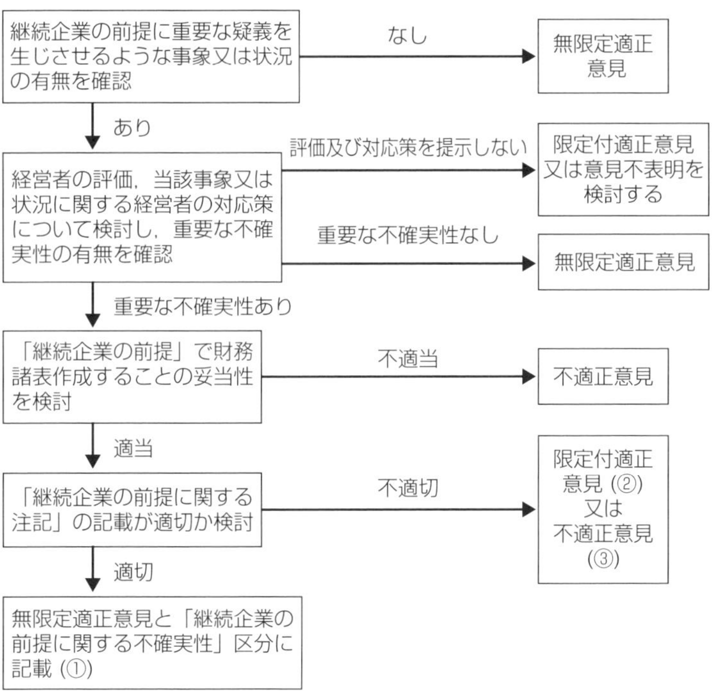

出所：企業会計審議会・監査部会「継続企業の前提」に関する監査手続　一部加筆修正。

①　無限定適正意見で「継続企業の前提に関する不確実性」区分に記載するケース（図中①の部分）

これは，継続企業の前提に重要な疑義を生じさせるような事象または状況が存在すると判断し，それらを解消あるいは改善するための対応策を講じても，なお継続企業の前提に関する重要な不確実性が認められる場合に，**継続企業を前提として財務諸表を作成することが適切**で，かつその注記が適切であると判断した場合に表明するケースです。

この場合，監査報告書に「継続企業の前提に関する不確実性」という区分を設けて，重要な不確実性に関する注記への利用者の注意を喚起します。そして当該区分に記載する事項は次のようなものになります。

「継続企業の前提に関する不確実性」区分に記載する事項

① 継続企業の前提に関する重要な不確実性が認められる旨
② 当該事項は監査人の意見に影響を及ぼすものではない旨

出所：日本公認会計士協会　監査基準委員会報告書570「継続企業」第21項。

② 限定付適正意見のケース

継続企業の前提に重要な疑義を生じさせるような事象または状況があって，継続企業の前提に関する重要な不確実性が認められるにもかかわらず，**継続企業の前提に関する事項の開示が不足**している場合は，その内容の財務諸表に与える影響から限定付適正意見を表明することになります。

例えば，次のように記載例が挙げられています。

継続企業の前提に関する注記が不足していることによる限定付適正意見

限定付適正意見

当監査法人は，金融商品取引法第193条の2第1項の規定に基づく監査証明を行うため，「経理の状況」に掲げられている○○株式会社の×年×月×日から×年×月×日までの連結会計年度の連結財務諸表，すなわち，連結貸借対照表，連結損益計算書，連結包括利益計算書，連結株主資本等変動計算書，連結キャッシュ・フロー計算書，連結財務諸表作成のための基本となる重要な事項，その他の注記及び連結附属明細表について監査を行った。

当監査法人は，上記の連結財務諸表が，「限定付適正意見の根拠」に記載した事項の連結財務諸表に及ぼす影響を除き，我が国において一般に公正妥当と認められる企業会計の基準に準拠して，○○株式会社及び連結子会社の×年×月×日現在の財政状態並びに同日をもって終了する連結会計年度の経営成績及びキャッシュ・フローの状況をすべての重要な点において適正に表示しているものと認める。

限定付適正意見の根拠

継続企業の前提に関する注記に記載されているとおり，会社は，×年４月１日から×年３月31日までの連結会計年度に純損失×××百万円を計上しており，×年３月31日現在において連結貸借対照表上△△△百万円の債務超過の状況にあることから，継続企業の前提に重要な疑義を生じさせるような事象又は状況が存在しており，現時点では継続企業の前提に関する重要な不確実性が認められる。なお，当該事象又は状況に対する対応策及び重要な不確実性が認められる理由については当該注記に記載されているが，……という状況が存在しており，連結財務諸表には当該事実が十分に注記されていない。

当監査法人は，我が国において一般に公正妥当と認められる監査の基準に準拠して監査を行った。監査の基準における当監査法人の責任は，「連結財務諸表監査における監査人の責任」に記載されている。当監査法人は，我が国における職業倫理に関する規定に従って，会社及び連結子会社から独立しており，また，監査人としてのその他の倫理上の責任を果たしている。当監査法人は，限定付適正意見表明の基礎となる十分かつ適切な監査証拠を入手したと判断している。

監査上の主要な検討事項

（以下，略）

出所：日本公認会計士協会　監査・保証実務委員会実務指針第85号「監査報告書の文例」一部加筆。

③　不適正意見のケース

①の場合と同様に，継続企業の前提に関する不確実性が認められるにもかかわらず，被監査会社が**何ら開示を行っておらず，かつ，その事象または状況が連結財務諸表に重要な影響**を及ぼしており，不適正意見を表明する例は，次のような記載となります。

継続企業の前提に関する注記が
何ら行われていないことによる不適正意見

不適正意見

当監査法人は，金融商品取引法第193条の２第１項の規定に基づく監査証明を行うため，「経理の状況」に掲げられている〇〇株式会社の×年×月×日から×年×月×日までの連結会計年度の連結財務諸表，すなわち，連結貸借対照表，連結損益計算書，連結包括利益計算書，連結株主資本等変動計算書，連結キャッシュ・フロー計算書，連結財務諸表作成のための基本となる重要な事項，その他の注記及び連結附属明細表について監査を行った。

当監査法人は，上記の連結財務諸表が，「不適正意見の根拠」に記載した事項の連結財務諸表に及ぼす影響の重要性に鑑み，我が国において一般に公正妥当と認められる企業会計の基準に準拠して，〇〇株式会社及び連結子会社の×年×月×日現在の財政状態並びに同日をもって終了する連結会計年度の経営成績及びキャッシュ・フローの状況を適正に表示していないものと認める。

不適正意見の根拠

×年３月31日現在において会社は債務超過の状況であり，また，一年以内償還予定の社債が×××百万円あり，継続企業の前提に重要な疑義を生じさせるような状況が存在しており，当該社債を償還するための資金調達の目途が立っていないため，継続企業の前提に関する重要な不確実性が認められるが，連結財務諸表には，当該事実が何ら注記されていない。

当監査法人は，我が国において一般に公正妥当と認められる監査の基準に準拠して監査を行った。監査の基準における当監査法人の責任は，「連結財務諸表監査における監査人の責任」に記載されている。当監査法人は，我が国における職業倫理に関する規定に従って，会社及び連結子会社から独立しており，また，監査人としてのその他の倫理上の責任を果たしている。当監査法人は，不適正意見表明の基礎となる十分かつ適切な監査証拠を入手したと判断している。

監査上の主要な検討事項

（以下，略）

出所：日本公認会計士協会　監査・保証実務委員会実務指針第85号「監査報告書の文例」一部加筆。

9 その他の記載内容

2020（令和２）年の「監査基準」の改訂では，監査意見を表明しない場合を除き，監査報告書に「その他の記載内容」という見出しを付した独立した区分を常に設け，その他の記載内容に関する報告を行うことが求められました。

近年，企業内容等に関する情報開示は，財務諸表以外の情報の開示の充実が進んでいます。これまでは，財務諸表とともに開示される財務諸表以外の情報と，財務諸表の表示やその根拠となっている数値等との間に重要な相違があるときは，監査報告書に追記情報として記載されていましたが，その取扱いは必ずしも明確ではありませんでした。

そこで，2020（令和２）年の改訂では，監査人は「その他の記載内容」を通読し，「その他の記載内容」と財務諸表または監査人が監査の過程で得た知識との間に重要な相違があるかどうかについて検討することが求められることとなりました。

ただし，監査人は，「その他の記載内容」に対して意見を表明するわけではなく，監査意見とは明確に区別された情報の提供であるという考え方に変更はありません。

10 会社法監査における監査報告書

公認会計士または監査法人が実施する**法定監査**には，**金融商品取引法に基づく監査**と，**会社法に基づく計算関係書類**（計算書類およびその附属明細書，臨時計算書類，ならびに連結計算書類）**の監査**があります。

会社法に基づく計算関係書類の監査では，会計監査人として選任された公認会計士または監査法人は，会計監査報告をしなければならない（会社法第396条，会社計算規則第154条）と規定されています。

以下に掲げるのは，連結計算書類に関する会計監査人の監査報告書のひな型（無限責任監査法人の場合で，指定証明の場合）です。

会計監査人による監査報告書には，次のような事項が記載されることになります（会社計算規則第154条第１項）。

会計監査人による監査報告書の記載事項

① 会計監査人の監査の方法およびその内容
② 計算関係書類が当該株式会社の財産および損益の状況をすべての重要な点において適正に表示しているかどうかについての意見
③ 上記②の意見がないときは，その旨およびその理由
④ 追記情報
⑤ 会計監査報告を作成した日

連結計算書類に関する監査報告書

独立監査人の監査報告書

平成×年×月×日

○○株式会社

取締役会　御中

○ ○ 監 査 法 人

指 定 社 員 業務執行社員	公認会計士	○○○○	印
指 定 社 員 業務執行社員	公認会計士	○○○○	印

監査意見

当監査法人は，会社法第444条第４項の規定に基づき，○○株式会社の×年×月×日から×年×月×日までの連結会計年度の連結計算書類，すなわち，連結貸借対照表，連結損益計算書，連結株主資本等変動計算書及び連結注記表について監査を行った。

当監査法人は，上記の連結計算書類が，我が国において一般に公正妥当と認められる企業会計の基準に準拠して，○○株式会社及び連結子会社からなる企業集団の当該連結計算書類に係る期間の財産及び損益の状況をすべての重要な点において適正に表示しているものと認める。

監査意見の根拠

当監査法人は，我が国において一般に公正妥当と認められる監査の基準に準拠して監査を行った。監査の基準における当監査法人の責任は，「連結財務諸表監査における監査人の責任」に記載されている。当監査法人は，我が国における職業倫理に関する規定に従って，会社から独立しており，また，監査人としてのその他の倫理上の責任を果たしている。当監査法人は，①意見表明の基礎となる十分かつ適切な監査証拠を入手したと判断している。

連結計算書類に対する経営者並びに監査役及び監査役会の責任

経営者の責任は，我が国において一般に公正妥当と認められる企業会計の基準に準拠して連結計算書類を作成し適正に表示することにある。これには，不正又は誤謬による重要な虚偽表示のない連結計算書類を作成し適正に表示するために経営者が必要と判断した内部統制を整備及び運用することが含まれる。

連結計算書類を作成するに当たり，経営者は，継続企業の前提に基づき計算書類を作成することが適切であるかどうかを評価し，我が国において一般に公正妥当と認められる企業会計の基準に基づいて継続企業に関する事項を開示する必要がある場合には当該事項を開示する責任がある。

監査役及び監査役会の責任は，財務報告プロセスの整備及び運用における取締役の職務の執行を監視することにある。

連結計算書類の監査における監査人の責任

監査人の責任は，監査人が実施した監査に基づいて，全体としての連結計算書類に不正又は誤謬による重要な虚偽表示がないかどうかについて合理的な保証を得て，監査報告書において独立の立場から連結計算書類に対する意見を表明することにある。虚偽表示は，不正又は誤謬により発生する可能性があり，個別に又は集計すると，連結計算書類の利用者の意思決定に影響を与えると合理的に見込まれる場合に，重要性があると判断される。

監査人は，我が国において一般に公正妥当と認められる監査の基準に従って，監査の過程を通じて，職業的専門家としての判断を行い，職業的懐疑心を保持して以下を実施する。

・不正又は誤謬による重要な虚偽表示リスクを識別し，評価する。また，重要な虚偽表示リスクに対応した監査手続を立案し，実施する。監査手続の選択又は適用は監査人の判断による。さらに，意見表明の基礎となる十分かつ適切な監査証拠を入手する。
・連結計算書類の監査の目的は，内部統制の有効性について意見表明するためのものではないが，監査人は，リスク評価の実施に際して，状況に応じて適切な監査手続を立案するために，監査に関連する内部統制を検討する。
・経営者が採用した会計方針及びその適用方法の適切性，並びに経営者によって行われた会計上の見積りの合理性及び関連する注記事項の妥当性を評価する。

・経営者が継続企業を前提として連結計算書類を作成することが適切であるかどうか，また，入手した監査証拠に基づき，継続企業の前提に重要な疑義を生じさせるような事象又は状況に関して重要な不確実性が認められるかどうか結論付ける。継続企業の前提に関する重要な不確実性が認められる場合は，監査報告書において連結財務諸表の注記事項に注意を喚起すること，又は重要な不確実性に関する財務諸表の注記事項が適切でない場合は，連結計算書類に対して除外事項付意見を表明することが求められている。監査人の結論は，監査報告書日までに入手した監査証拠に基づいているが，将来の事象や状況により，企業は継続企業として存続できなくなる可能性がある。

・連結計算書類の表示及び注記事項が，我が国において一般に公正妥当と認められる企業会計の基準に準拠しているかどうかとともに，関連する注記事項を含めた連結計算書類の表示，構成及び内容，並びに連結計算書類が基礎となる取引や会計事象を適正に表示しているかどうかを評価する。

・連結計算書類に対する意見を表明するために，会社及び連結子会社の財務情報に関する十分かつ適切な監査証拠を入手する。監査人は，連結計算書類の監査に関する指示，監督及び実施に関して責任がある。監査人は，単独で監査意見に対して責任を負う。

監査人は，監査役及び監査役会に対して，計画した監査の範囲とその実施時期，監査の実施過程で識別した内部統制の重要な不備を含む監査上の重要な発見事項，及び監査の基準で求められているその他の事項について報告を行う。

監査人は，監査役及び監査役会に対して，独立性についての我が国における職業倫理に関する規定を遵守したこと，並びに監査人の独立性に影響を与えると合理的に考えられる事項，及び阻害要因を除去又は軽減するためにセーフガードを講じている場合はその内容について報告を行う。

利害関係
　会社及び連結子会社と当監査法人又は業務執行社員との間には，公認会計士法の規定により記載すべき利害関係はない。

以　上

出所：日本公認会計士協会　監査・保証実務委員会実務指針第85号「監査報告書の文例」

あとがき

本書では，主に公認会計士という職業的専門家によって行われる財務諸表監査について，その基本的な考え方や手続を説明しました。できるだけやさしく解説するように心がけましたが，財務諸表監査が法令や基準に基づいて実施されるものであることから，やや“かしこまった”説明になっている部分もあるかもしれません。

財務諸表監査をはじめとする監査は，シンプルに考えればとてもシンプルに理解できるようにも思いますが，厳密（理論的）に考えるとかなり奥が深いものです。本書では，あまり深く立ち入らず，できるだけシンプルに，でもところどころに理論的な香りをふりまきつつ解説したつもりですが，いかがだったでしょうか？

さて，Chapter 1のコラム（監査手続と監査技術）の中で，「監査論のように実務的な性格が強い分野では，実務慣習的な用語法にも慣れておく必要があるかもしれません」と書きました。

専門用語（「術語」と呼ばれます。）の読み方にも実務慣習的なものがあって，やや混乱することもありそうです。

例えば，監査手続（オッと！正確には「監査技術」でした!!）の１つである「突合」は，正確には「つきあわせ」と読みますが，実務では「とつごう」と読む方が通りがよいようです（公認会計士の中には，「つきあわせ」と読む方が正確であるということを知らない人すらいます！）。

また，「立会」も「りっかい」ではなく，「たちあい」というのが正確な読み方です。

術語については，送りがなを省略するのが一般的な表記の仕方のようです。例えば，「かんさてつづき」は「監査手続き」ではなく「監査手続」と表記します。

こうした表記法が音読みにつながっているとも考えられますが，忙しい実務の現場では，自然によりシンプルに発音されるということなのかもしれません。

学問の世界には，日常とは異なる慣習・慣例があります。実務の世界も同じことなのでしょう。公認会計士になって監査実務の世界に入ろうという人は，実務の慣習・慣例にも慣れておく必要があるとは思います。

でも，まずは，「監査論」という学問の世界での概念や用語，考え方を正しく身につける必要があるのではないでしょうか。実務の慣習は，実務に就けば自然と身についていくものです。

本書を読んで，財務諸表監査，そして公認会計士という職業的専門家の仕事の一端を垣間見て，監査のことをもっと深く勉強してみたい，公認会計士を目指そう！そう思ってくれた人が大勢いることを願っています。

2009年６月

筆者を代表して　蟹江　章

☆「わしづかみシリーズ」企画・監修☆

神奈川大学名誉教授　田中　弘

「**会計**」は，街角のパン屋さんでも，駅前のレストランでも使う技法ですから，本来は，「**誰にでもわかる**」，「**誰でも使える**」技術のはずです。

それが，最近では，企業の経済活動が複雑になり，それに合わせて会計も複雑でわかりにくいものになってきました。その分だけ，会計情報の「信頼性」を確かめる「監査」の役割が重要になってきました。

このシリーズでは，「**簡単なはずの会計**」を「**簡単にわかってもらう**」ことを目的に，**現代の会計と監査を「ざっくりと，わしづかみ」**できるように工夫しています。

初めて会計を学ぶ皆さんには，きっと，新しい世界を識るだけではなく「**使える会計知識**」が身に付くと思います。

公認会計士や**税理士**を目指している皆さんや，大学などで会計学を勉強している皆さんは，**会計の全体像や会計基準の根幹を短時間でマスター**することができると思います。

ぜひ，このシリーズで，現代の会計と監査を「**わしづかみ**」してください。

著者のプロフィール

蟹江　章（かにえ　あきら）（CHAPTER 1，2）

青山学院大学大学院会計プロフェッション研究科教授，北海道大学名誉教授・博士（経営学）（北海道大学）

愛知大学法経学部卒業後，大阪大学大学院経済学研究科博士後期課程単位取得退学。

主な著書に『現代監査の理論』（森山書店），『監査報告書の読み方』（創成社），『会社法におけるコーポレート・ガバナンスと監査』（編著・同文舘），『ガバナンス構造の変化と内部監査』（編著・同文舘）など。

「世の中には唯一絶対の正解はない！」がモットー。

藤岡　英治（ふじおか　えいじ）（CHAPTER 3～5）

大阪産業大学教授・博士（商学）（関西学院大学）

関西学院大学大学院博士課程単位取得満期退学。

主な著書に『医療機関ガバナンスと監査』，『監査論の基礎（第３版）』（共著），『新版 まなびの入門監査論（第２版）』（共著），『現代会計用語辞典』（共著）など。

「どんなことでも楽しく」がモットー。趣味は，サイクリング。

髙原利栄子（たかはら　りえこ）（CHAPTER 6，7）

近畿大学教授・修士（商学）（関西学院大学）

関西学院大学大学院商学研究科博士課程後期課程単位取得満期退学。

主な著書に『監査論の基礎（第３版）』（共著），『現代会計用語辞典』（共著）など。

著者との契約により検印省略

平成21年８月15日　初　版第１刷発行
平成29年２月15日　第２版第１刷発行
平成29年４月15日　第２版第２刷発行
令和２年４月15日　第３版第１刷発行
令和４年９月15日　第３版第２刷発行

わしづかみシリーズ
監査論を学ぶ
〔第３版〕

著　者　蟹江　章
　　　　藤岡英治
　　　　髙原利栄子
発行者　大坪克行
印刷所　税経印刷株式会社
製本所　牧製本印刷株式会社

発行所　〒161-0033　東京都新宿区下落合２丁目５番13号
株式会社　税務経理協会
振　替　00190-2-187408
FAX　(03)3565-3391
電話　(03)3953-3301（編集部）
　　　(03)3953-3325（営業部）
URL　http://www.zeikei.co.jp/
乱丁・落丁の場合は，お取替えいたします。

ISBN978-4-419-06671-0 C3063